Inspiration Christentum

Anselm Grün

MYSTIK

HERDER spektrum

Band 6060

Das Buch

Die Suche nach dem inneren Raum, in dem Gott erfahrbar wird, die
Sehnsucht nach der Entgrenzung des eigenen Ich in der Beziehung
zum Wurzelgrund unseres Daseins, das ist der Kern der bleibenden
Faszination des Themas Mystik. Anselm Grün nimmt diese Sehnsucht ernst. Er stellt sie hinein in die Geschichte der religiösen Suche
der großen Mystiker und macht bei ihnen die Sehnsüchte aus, die uns
noch heute bewegen. Aber auch in den Alltag heutiger Menschen, in
ihre Ängste, Hoffnungen, Erfahrungen stellt er dieses Thema. Und
er zeigt auf, wie in Gebet und Meditation, in der Liturgie, aber auch
in der Natur oder den Künsten, in der positiven Erfahrung der Liebe
und des Eros ebenso wie in der Erfahrung der dunklen Nacht und des
Leidens diese gnadenhaften Berührungen möglich werden, in denen
Gott erfahrbar wird.

Der Autor

Anselm Grün OSB, Dr. theol., geistlicher Berater und Kursleiter
für Meditation, Fasten und Kontemplation. Einer der bekanntesten
geistlichen Autoren unserer Zeit.

Anselm Grün

MYSTIK

Den inneren Raum entdecken

FREIBURG · BASEL · WIEN

Originalausgabe

3. Auflage 2011

© Verlag Herder GmbH, Freiburg im Breisgau 2009
Alle Rechte vorbehalten
www.herder.de

Umschlagkonzeption und -gestaltung:
Weiß-Freiburg GmbH, Graphik & Buchgestaltung
www.weiss-freiburg.de
Umschlagmotiv: Doc-Stock Bildagentur, Stuttgart

Layoutkonzept: tiff.any GmbH, Berlin
Satz: tiff.any GmbH, Berlin
Herstellung: fgb · freiburger graphische betriebe
www.fgb.de

Gesetzt aus der Linotype Janson Text Standard
Gedruckt auf umweltfreundlichem, chlorfrei gebleichtem Papier
Printed in Germany

ISBN 978-3-451-06060-1

Inhalt

Einleitung

Seit einigen Jahren beobachte ich ein neues Interesse für Mystik. Während sie den Menschen im 17. Und 18. Jahrhundert, dem Zeitalter der Aufklärung, eher als ein irrationaler Weg erschien, der ihnen oft genug suspekt war, sehnen sich heute viele geradezu danach. Sie verstehen dabei Mystik als Weg der Erfahrung – der Gotteserfahrung, aber auch der Erfahrung von Bewusstseinserweiterung, des kosmischen Einswerdens. Viele haben die Mystik anderer Religionen entdeckt und sind davon fasziniert, beispielsweise von der buddhistischen Mystik. Sie begreifen sie als einen Erfahrungsweg, der zugleich ein therapeutischer Weg ist. Die christliche Religion verstehen sie bisweilen geradezu als ihr Gegenteil, nämlich als etwas Äußerliches. Doch viele haben durch die östliche Mystik nun auch den breiten mystischen Strom im Christentum kennengelernt und wenden sich diesem zu. Dabei ist der Begriff »Mystik« für viele unklar. Die meisten verstehen darunter, nicht nur an Gott zu glauben, sondern ihn auch erfahren zu wollen. Manche verbinden mit Mystik besondere Erfahrungen wie Visionen, Bewusstseinserweiterung oder Ekstase. Für andere ist Mystik der Versuch, den unbegreiflichen Gott in die Erfahrung zu zwingen.

Das Interesse für die Mystik hängt nicht zuletzt damit zusammen, dass viele Menschen diesen Begriff mit ihren Sehnsüchten in Verbindung bringen. Da ist einmal die Sehnsucht nach Erfahrung: Wir geben uns nicht mehr damit zufrieden, nur das zu glauben, was andere uns sagen. Wir möchten das, was die Bibel von Gott sagt, auch selbst erfahren. Karl Rahner sprach von einer »winterlichen Zeit der Kirche«, einer Zeit, in der das Gespür für Gott verloren geht. Viele erleben heute eine intensive Gottesferne, eine Gottesverdunkelung. In diese »winterliche Zeit« und in die Dunkelheit, die suchende Christen heute erleben, hat Rahner sein berühmtes Wort gesprochen: »Der Christ der Zukunft wird Mystiker sein. Oder er wird nicht mehr sein.« In einer Welt, in der das Geld alles regiert, sehnen wir uns nach etwas, das größer ist, nach Gott, der alles übersteigt. In einer Welt, in der alles rational erklärt wird, in der auch die Gotteserfahrung in der Gehirnforschung bestimmten Arealen des menschlichen Gehirns zugewiesen wird, suchen wir nach dem Geheimnis, über das wir nicht mehr sprechen, vor dem wir uns vielmehr nur noch verneigen können. In einer Zeit, in der die Sprache immer kälter wird, in der die Ökonomisierung und Verrechtlichung des gesamten Lebens immer mehr um sich greifen, sehnen wir uns nach einer Erfahrung, die den ganzen Menschen betrifft, unsere Gefühle, unsere Leidenschaften, unseren Leib und unsere Seele. Wenn eine Seite

Mystik *kommt vom griechischen Adjektiv* mystikos, *das den Verben* myo *(= Augen und Mund verschließen, um eines Geheimnisses inne zu werden) und* myeo *(= in die Mysterien einführen) zugeordnet ist. Bei den Griechen bedeutete »Mystik« ursprünglich die Einweihung in die Mysterien, in denen man eins wurde mit dem Schicksal der Gottheit und an seiner göttlichen Kraft Anteil bekam. Platon kennt aber auch eine philosophische Mystik, in der er den Aufstieg der Seele zur geistigen Schau Gottes beschreibt. Für die neuplatonische Philosophie ist Mystik die Erkenntnis einer ins Geheimnis gehüllten Wahrheit. Diese Erkenntnis kann nur der erlangen, der sich von der Welt trennt. Er vermag dann tiefer in den göttlichen Seinsgrund hineinzuschauen.*

des Menschen zu stark betont wird – heute ist dies sicher die Vernunft – meldet sich die andere, etwa das Gefühl, umso stärker zu Wort. Daher ist Mystik heute oft von einer großen Sehnsucht nach ekstatischen Gefühlen geprägt. Die Menschen möchten aussteigen aus der kalten Welt der Vernunft.

Eine andere Sehnsucht, die in dem heutigen Begriff von Mystik spürbar wird, ist die nach Stille und Ruhe. Wir leiden an der Rastlosigkeit unserer Zeit. Viele haben den Eindruck, dass sie in einem Hamsterrad stecken und den Weg hinaus nicht mehr finden. Da verheißt Mystik einen Weg in die innere Stille, einen Weg der Ruhe und Gelassenheit. Mystik ist mit Meditation verbunden, mit einem Weg in die eigene Mitte, in den inneren Raum der Stille, in dem Gott wohnt. Dort kommen wir zu uns selbst und finden unsere innere Ruhe.

Ein weiterer Aspekt in diesem Zusammenhang ist die Tatsache, dass die Menschen heute zunehmend vereinzeln. Auf der einen Seite genießen sie ihren Individualismus. Die Menschen haben ihre engen sozialen Kontakte aufgegeben, leiden nun aber oft daran, dass sie isoliert sind. Ihnen fehlt die Gemeinschaft, die Geborgenheit, die sie dort finden können. Die einen entscheiden sich dann, in die Gemeinschaft zurückzukehren, sie bewusst zu suchen. Die anderen sehnen sich nach dem Einswerden mit sich selbst, mit allen Menschen, mit Gott und der ganzen Welt. In einer Zeit, in der die Menschen immer häufiger entwurzelt leben, sehnen sie sich danach, eins zu werden mit dem Wurzelgrund allen Seins.

Obwohl heute alles machbar zu sein scheint, bleibt der Tod als die große Bedrohung. Die Angst vor dem Tod ist heute stärker denn je, auch wenn sie häufig überdeckt wird durch Rastlosigkeit und Aktivismus. In dieser Angst sehnt sich der Mensch nach etwas, das den Tod übersteigt, nach einem festen Grund, den auch er nicht zu zerstören vermag, nach einem Einssein mit Gott, das den Tod überdauert. Mystik weiß um die Ahnung, dass ich im Tod nicht aus der Liebe herausfallen kann, die ich hier erfahre, weder aus der Liebe eines Menschen noch aus der Liebe Gottes.

Eine letzte Sehnsucht, die viele in der Mystik erfüllt sehen, ist schließlich auch die nach Freiheit. Es wird oft betont, dass die Mystiker freie Menschen waren, die häufig auch der Institution Kirche gegenüber kritisch waren. Die Erfahrung des Schauens – und mystische Menschen sind schauende Menschen – führt nach einem Wort von Martin Heidegger immer in die Freiheit. Schauen kann und muss ich immer selbst. Das überlasse ich nicht einem andern. Ich mache meine eigene Erfahrung – das gibt mir Freiheit. Allerdings verstehen manche, die sich auf die Freiheit der Mystik berufen, diese falsch. Sie betonen ihre Freiheit der Institution gegenüber, aber bei ihnen selbst und in ihrer Haltung anderen gegenüber zeigen sich oft neue autoritäre Züge. Sie verschanzen sich hinter ihren Erfahrungen und lassen nicht mehr zu, dass man diese infrage stellt. Sie machen aus der eigenen Erfahrung ein Dogma und merken gar nicht, dass sie dabei genauso autoritär werden wie die Institution, die sie bekämpfen.

Jeder hat seine eigene Wirk-lichkeit!

Die Mystik durchzieht die **Geschichte des Christentums**. *Die Mystiker haben jeweils versucht, eine Antwort auf die Sehnsüchte ihrer Zeit zu geben. Unter diesem Aspekt wird im Folgenden die Geschichte der christlichen Mystik betrachtet. Natürlich kann dies hier nur beispielhaft geschehen. Wer sich genauer darüber informieren möchte, sei auf das große vierbändige Werk des amerikanischen Mystikforschers Bernard McGinn verwiesen:* Die Mystik im Abendland *(Bd. 1: 1994, Bd. 2: 1996, Bd. 3: 1999, Bd. 4: 2008, alle erschienen im Verlag Herder, Freiburg im Breisgau)*

Oft werden spirituelle Menschen gefragt, ob sie sich als Mystiker verstehen. Ich halte es für gefährlich, sich mit dem ursprünglichen Bild des Mystikers zu identifizieren. Für mich geht es darum, in der Tradition der Mystik Hilfen zu finden, Gott zu erfahren und den mystischen Weg zu Gott zu gehen. Aber wer sich mit dem typischen Bild des Mystikers identifiziert, schwebt in der Gefahr, blind für die eigenen Schattenseiten zu werden. Er stellt sich damit über die anderen Menschen und macht sich mit seiner Mystik für andere interessant. In der Sprache der Psychologie nennt man dies nach C. G. Jung die »Gefahr der Inflation«. Man bläht sich mit großen Bildern auf, hält sich also für einen Mystiker und denkt, man bräuchte sich nicht mehr mit den christlichen Dogmen und Glaubenssätzen auseinanderzusetzen, weil man über jeder konkreten Religion steht. Für die wahren Mystiker und Mystikerinnen war Demut immer ein wichtiges Kennzeichen sowie die Bereitschaft, die eigenen Erfahrungen in Einklang mit der kirchlichen Lehre zu bringen. Zu nennen wären hier beispielsweise Teresa von Ávila oder Johannes vom Kreuz. Andererseits geht es auch nicht darum, diese Bezeichnung nur einigen spirituellen Spitzenkompetenzen zuzusprechen. Wir dürfen den Begriff durchaus demokratisieren. Wenn Karl Rahner vom Christen der Zukunft als dem Mystiker spricht, der Gott erfahren hat, meint er jeden Christen und jede Christin. Wir alle möchten Gott erfahren und in diesem Sinn Mystiker werden – und insofern müssen wir diesen Begriff von dem geheimnisvollen Image befreien, als ob nur besonders begnadete Menschen Mystiker werden könnten.

Wenn ich in diesem Buch über Mystik schreibe, dann in aller Demut. Wie Sie, liebe Leserin, lieber Leser, bin ich auf dem Weg zu Gott. Wie Sie habe ich Erfahrungen mit Gott gemacht. Aber ich kann diese Erfahrungen weder festhalten noch hinausposaunen. Über Gotteserfahrungen dürfen wir nur vorsichtig und behutsam sprechen, sonst benutzen wir das Reden über Gott, um uns selbst in den Mittelpunkt zu stellen.

Ich möchte von der Geschichte der Mystik in den Religionen und vor allem in der christlichen Tradition ausgehen und dann im Dialog mit der Psychologie Wege aufzeigen, wie wir heute die mystische Dimension in unseren Glauben integrieren können.

1 Die vier Grundfragen des Menschen

Bereits in der Einleitung haben wir gesehen, dass die Menschen, die nach Gott, nach Gotteserfahrung suchen, von Sehnsüchten erfüllt sind, die sie durch die Mystik zu stillen versuchen. Diese Sehnsüchte sind eigentlich nichts anderes als die Suche nach Antworten auf einige grundsätzliche Fragen, denen wir uns in unserem menschlichen Leben immer wieder ausgesetzt sehen. Irwin D. Yalom, ein renommierter amerikanischer Psychoanalytiker, spricht in seinem Buch *Existentielle Psychotherapie* von vier Grundfragen. Diese sind nach seiner Ansicht: die Frage nach dem Tod, nach der Freiheit, nach der Isolation und nach dem Sinn. Die echte Mystik beantwortet diese Fragen so, dass der Mensch daran reift und zu seinem wahren Selbst gelangt. Doch es gibt auch verdrängende Antworten, die der Herausforderung durch diese Grundthemen des menschlichen Lebens ausweichen. Dieser Ansicht ist auch Yalom.

Die Frage nach dem Tod

Um der Angst vor dem Tod auszuweichen, bieten sich zwei verschiedene Wege an: Man fühlt sich als etwas Besonderes oder man sehnt sich nach dem großen Retter. Beide Strategien lassen sich auch bei Menschen finden, die sich mit dem mystischen Weg beschäftigen. Viele meditieren und lesen mystische Schriften, um sich über andere zu stellen. Sie sagen: »Die anderen gehen den normalen Weg, aber ich habe mich für den inneren Weg entschieden. Die anderen sind oberflächlich. Ich mache tiefe Erfahrungen.« Die Gefahr ist groß, dass die Mystik benutzt wird, um sich interessant zu machen. Das ist ein Weg, der Angst vor dem Tod auszuweichen: Man möchte sich nicht seiner Endlichkeit und Begrenztheit stellen.

Eine andere Gefahr ist die, einem Guru zu folgen, sich einen spirituellen Meister zu suchen. Auch im frühen Mönchtum gab es den Altvater, der den jungen Mönch begleitete, aber dieser hatte nichts von einem Guru an sich. Er versammelte keine Schüler um sich. Selbst Teresa von Ávila und Johannes vom Kreuz, wohl die beiden bekanntesten christlichen Mystiker, wollten keine Schüler. Denn sie verstanden sich nicht als Meister, sondern als Menschen, die selbst um einen inneren Weg rangen und ihre Erfahrungen an andere weitergaben, die sie darum baten. Heute projizieren viele ihre spirituellen Sehnsüchte auf einen Menschen, von dem sie sich dann nicht selten abhängig machen. Wenn jemand diese Projektion übernimmt und sich als der Meister fühlt, steckt er schon in der Falle. Er nimmt seine eigenen Schattenseiten nicht mehr wahr. Im Gegenteil, seine Schattenseiten werden von seinen Schülern sogar als Zeichen seiner tiefen Spiritualität gesehen. Sie werden blind für die Übertreibungen und für den autoritären Stil des Meisters. Und letztlich – so sieht es Yalom – benützen sie den großen Meister, um der Angst vor dem Tod zu entgehen.

Echte Mystik gibt eine andere Antwort auf die Frage nach dem Tod. Sie führt zu einer Erfahrung, die den Tod übersteigt. Wenn mir aufgeht, dass Gott in mir wohnt, dann weiß ich, dass auch der Tod dieses Innewohnen Gottes in mir nicht zerstören kann. Im Tod wird Christus mich in die Wohnung führen, die er mir bereitet hat.

Mystiker stellen sich dem Tod. Sie wissen, wie kurz das Leben ist. Ihnen geht es nicht darum, möglichst alt zu werden. Vielleicht sogar im Gegenteil: Sie sehnen sich danach, im Tod den Gott unverhüllt zu schauen, den sie hier immer wieder erfahren haben. Der Tod erinnert sie an ihre Sterblichkeit, und zugleich ist er für sie ein Tor zum wahren Leben. Ihre mystische Erfahrung erleben sie daher oft als Sterben: Der alte Mensch stirbt. Mystiker sprechen vom Ich-Tod. Dabei geht es nicht darum, das Ich zu zerstören, sondern eher um unser Erleben im Alltag, in dem wir immer wieder Tode sterben: wenn ein Weg nicht gelingt, wenn eine Beziehung zerbricht, wenn wir krank werden. Dann werden uns die Illusionen genommen, dass wir durch Psychologie, Spiritualität oder durch eine gesunde Lebensweise unsere Gesundheit und das Gelingen unseres Weges garantieren könnten. Das Ich mit seinen Vorstellungen vom Leben zerbricht, damit Gott immer mehr Raum in uns gewinnen kann. Im Tod am Ende unseres Lebens gipfeln all die kleinen Tode, die wir täglich sterben. Der Tod ist also für Mystiker und Mystikerinnen immer präsent, und er wird für sie zum Tor für das wahre Leben.

Die Frage nach der Freiheit

Die zweite Frage ist die nach der Freiheit des Menschen. Menschen sehnen sich danach, und zugleich haben sie Angst vor ihr. Gott ist immer der Gott, der uns befreit. Wer Gott erfährt, erfährt Freiheit. Er wird frei von der Abhängigkeit von Menschen, von ihrem Urteil und von ihren Erwartungen.

Das war für die frühen Christen eine wesentliche Erfahrung. »Zur Freiheit hat uns Christus befreit« (Galater 5,1) – so schildert Paulus die zentrale Erkenntnis, die er in der Begegnung mit Jesus Christus gemacht hatte. Doch diese innere Freiheit des Mystikers bedeutet nicht, dass er sich an keine Regeln mehr hält. Viele Mystikerinnen und Mystiker lebten in einer Gemeinschaft. Sie gingen den Weg der inneren

Freiheit und hielten sich doch an die Normen ihrer Gemeinschaft. Sie mussten ihre Freiheit nicht rücksichtslos verteidigen, indem sie sich über alle Regeln hinwegsetzten. Vielmehr lebten sie in einer inneren Freiheit des Denkens und Fühlens. Sie verloren diese nicht in der Enge einer klösterlichen Gemeinschaft. In den Schriften von Teresa von Ávila zum Beispiel spüre ich diese innere Freiheit. Sie schreibt, was sie denkt und spürt. Sie traut ihrem eigenen Herzen. Sie hat es nicht nötig, ihre Gedanken zu beweisen oder sie durch theologische Argumente zu rechtfertigen. Und sie hat den Mut, als Frau auch ihre Meinung über die Männer zu sagen, die damals die Kirche beherrschten und Frauen kleinhielten. Sie musste mit der Inquisition rechnen – doch das hat sie nicht davon abgehalten, zum Ausdruck zu bringen, was sie spürte und was ihr wichtig war. Allerdings lebte sie keine Freiheit im absoluten Sinn. Sie hat nicht gegen alles rebelliert, sondern ihre Freiheit in einem ganz bestimmten Rahmen gelebt. Wer meint, die eigene Freiheit sei nur dann echt, wenn er gegen alles und jeden aufbegehrt, merkt gar nicht, wie abhängig er noch ist. Der heilige Benedikt meint dazu, der Mönch solle nur tun, »wozu die gemeinsame Regel des Klosters und das Beispiel der Älteren mahnen« (Die Benediktus-Regel, Beuron 1996, Kapitel 7,55). Und das ist kein Zeichen von Unterwürfigkeit, sondern von Freiheit. Die mystische Erfahrung führt zu einer inneren Freiheit, die durch nichts behindert werden kann, weder durch Normen noch durch die Engstirnigkeit kleinkarierter Menschen.

Jesus zeigt uns einen ähnlichen Weg: »Wenn ihr alles getan habt, was euch befohlen wurde, sollt ihr sagen: Wir sind unnütze Sklaven, wir haben nur unsere Schuldigkeit getan« (Lukas 17,10). Die wahre Freiheit besteht darin, das zu tun, was wir dem Augenblick schuldig sind, was wir uns selbst und dem Nächsten schulden. Wir sollen uns nicht als etwas Besonderes fühlen, sondern nur tun, was »dran« ist. Wir sollen dem gerecht werden, was ist. Diese Weisheit Jesu finden wir auch in Sprüchen der buddhistischen Zen-Tradition wieder: einfach nur tun, was der Augenblick fordert, und sich selbst nicht über alles stellen. Und wir finden sie in der chinesischen Weisheit wieder. Tao – so sagen die Chinesen – ist das Gewöhnliche. Wer sich auf das Gewöhnliche einlässt, ohne sich interessant zu machen oder sich über andere zu stellen, der ist wahrhaft frei.

Die Frage nach der Einheit

Die dritte Frage, der wir uns in unserem Leben stellen müssen, ist die Frage nach der Isolation. Irving D. Yalom unterscheidet zwischen einer *inter*personalen und *intra*personalen Isolation. Erstere meint die Einsamkeit: Man fühlt sich von anderen isoliert und leidet an Beziehungslosigkeit. Man findet den Weg zur anderen Person nicht. Das Zweite ist die Unfähigkeit, die verschiedenen Bereiche in sich selbst miteinander in Beziehung zu bringen. Wir fühlen uns innerlich zerrissen. Die verschiedenen Bedürfnisse und Bestrebungen in mir klaffen auseinander, ich kann sie nicht zusammenbringen. Die Einheitsmystik, wie sie Evagrius Ponticus und andere griechische Kirchenväter beschrieben haben, führt sowohl zur inneren Einheit der psychischen Kräfte als auch zur Erfahrung des Einsseins mit anderen Menschen. Wer die Einheit mit Gott erfährt, erlebt auch sich selbst als mit sich im Einklang. Eine Folge davon ist, dass wir beziehungsfähiger werden. Aber Einheit braucht immer auch die Polarität. Einheit ist kein Einheitsbrei, sie ist die Erfahrung des Einswerdens verschiedener Bereiche in mir. Die Erfahrung der Einheit wird aber immer wieder auch von der Erfahrung von Zerrissenheit abgelöst. Es gibt keine Einheit, die ein für allemal besteht, es handelt sich dabei immer nur um eine punktuelle Erfahrung. Auch hier gibt es Menschen, die einen mystischen Weg gehen und von Einheit schwärmen, damit aber nur ihre Beziehungsunfähigkeit religiös überhöhen. Weil sie nicht bereit sind, diese Unfähigkeit zu betrauern, flüchten sie in die Verschmelzung mit dem Göttlichen. Doch die Flucht vor dem Schmerz der Isolation heilt nicht. Nur wenn ich meine Beziehungsschwierigkeiten wahrnehme und annehme, kann der mystische Weg des Einswerdens sie verwandeln und heilen.

Die Frage nach dem Sinn

Die vierte Frage schließlich ist die nach dem Sinn, den jeder in seinem Leben braucht. Die Mystik zeigt uns einen Sinn, der über unser Leben hinausweist: Er besteht nicht in einer großen Leistung, sondern darin, Gott zu suchen. Wer Gott erfährt, der spürt: Es ist gut, wie es ist. In der Kontemplation geschieht immer die Zustimmung zum Sein, das Einverstandensein mit der eigenen Lebensgeschichte. Gott ist der eigentliche Sinn unseres Lebens. Teresa von Ávila hat das berühmte Wort geprägt: »Gott allein genügt.« Wer Gott gefunden hat, der braucht nicht mehr nach einem Sinn in seinem Leben Ausschau zu halten. Er erfährt in Gott den tiefsten Sinn seines Lebens. Die Suche nach Gott hält ihn lebendig, sie lässt ihn immer weiter streben und versetzt ihn in eine gesunde Spannung. Dabei darf Gott als der transzendente Sinn in unserem Leben uns nicht davon abhalten, auch hier auf Erden einen Sinn für unser Streben zu finden. Auf der Suche nach Gott sollen wir auch unsere persönliche Lebensspur in diese Welt eingraben, die für andere sichtbar wird. Manche Mystiker heben so von der Welt ab, dass sie keinen Eindruck mehr im Acker dieser Erde hinterlassen. Es wird nicht ersichtlich, was sie mit ihrem Leben zum Ausdruck bringen. Der mystische Weg aber muss auch hier im Diesseits

Die **Transpersonale Psychologie** *entwickelte sich seit 1960 in den USA, hatte aber auch »ältere Väter« wie C. G. Jung und Roberto Assagioli, den Begründer der Psychosynthese. Einer der wichtigsten heutigen amerikanischen Autoren dieser Schule ist Ken Wilber. Er untersucht die Beziehung zwischen Mystik und Psychologie. Sein Schwerpunkt liegt dabei eher auf der buddhistischen Mystik als auf der christlichen. In seinem Buch* Eros, Kosmos, Logos *(Frankfurt am Main 1996) ist jedoch eines der Hauptkapitel Teresa von Ávila und Meister Eckhart gewidmet.*

erkennbar werden, sonst ist er nicht die Erfahrung des Gottes, der in Jesus Christus Fleisch angenommen und als Mensch auch Spuren in unserer Welt hinterlassen hat.

Nicht nur in Bezug auf die Mystik, aber gerade in Hinsicht darauf sind Psychologie und Religion zwei eng miteinander verbundene und sich gegenseitig befruchtende Bereiche. Die Psychologie will unseren Blick dafür schärfen, wo die Mystik eine positive Antwort auf die vier Grundfragen des Menschen gibt, aber auch, wo sie der Frage ausweicht. Zudem beschreibt sie die Kriterien, die auf eine echte Gotteserfahrung hinweisen. In den letzten Jahren hat sich die Psychologie jedoch nicht damit begnügt, die Mystik nur kritisch zu begleiten. Vielmehr ist seit etwa vierzig Jahren erkennbar, dass viele Psychologen von der mystischen Erfahrung fasziniert sind. Es ist vor allem die transpersonale Psychologie, die sich mit mystischen Phänomenen beschäftigt und die die Mystik als therapeutischen Weg versteht.

Mystik ist in den Augen heutiger Psychologen wieder modern geworden. Sie haben die Weisheit, die in den mystischen Traditionen des Westens und Ostens steckt, und die Ähnlichkeit mit den therapeutischen Wegen erkannt, die sie selbst entwickelt haben.

2 Die Sehnsucht nach Vergöttlichung – Mystik im Neuen Testament

Wir haben heute ein Wissen über den Menschen, das kein Einzelner in sich vereinen kann. Die Psychologie, die Gehirn- und Genforschung, die Soziologie und die Philosophie haben sich mit dem Geheimnis des Menschen beschäftigt. Doch je mehr wir über uns wissen, desto größer wird unsere Sehnsucht, über das bloße Menschsein hinauszuwachsen. Es ist die Sehnsucht nach Vergöttlichung, dass wir und was uns ausmacht nicht nur durch chemische Prozesse oder Reaktionen der Gehirnzellen erklärt werden können, sondern dass etwas in uns ist, das uns übersteigt und wir mit all unserer Menschlichkeit hineingenommen werden in das Geheimnis des unbegreiflichen und zugleich unendlichen Gottes. Auf diese menschliche Sehnsucht gibt Mystik eine Antwort.

In allen Weltreligionen gibt es eine Mystik: im Buddhismus, Hinduismus, Islam, Judentum und Christentum. So kann uns die Beschäftigung mit der christlichen Mystik öffnen für die Erfahrung in anderen Religionen, die oft eine ähnliche ist, sich aber durch die Interpretation dieser Erfahrungen unterscheidet. Im Dialog mit anderen Religionen müssen wir an dieser Spannung, dieser Unterscheidung festhalten. Die Erfahrungen verbinden uns miteinander, und da ist es wichtig, sich offen und ehrlich darüber auszutauschen. Die Deutung wird je nach Religion unterschiedlich sein, und man kann sie nicht zu einer einzigen Deutung zusammenfassen, denn es gibt keine Glaubenserfahrung, die nicht an eine ganz bestimmte Sprache gebunden ist. So können wir durch die verschiedenen Deutungen hindurch zur Erfahrung des unbegreiflichen Geheimnisses Gottes vorstoßen und trotzdem unsere begrenzte menschliche Interpretation stehenlassen.

Peter Gerlitz unterscheidet die verschiedenen Arten der Mystik in diesen Religionen nach ihrem Weltbild. Im linearen Weltbild der drei abrahamitischen Religionen (Judentum, Christentum, Islam), in dem Geschichte als ein Nacheinander von einmaligen Ereignissen verstanden wird, geht es um ein Einswerden mit dem personalen Gott. Sie verstehen Mystik als Persönlichkeitsmystik, die die Würde der menschlichen Person darin sieht, mit Gott, dem Urbild allen Personseins, eins zu werden, mit dem liebenden Gott Einheit zu erfahren. Im zyklischen Weltbild der östlichen Religionen (Buddhismus, Hinduismus, Taoismus u. a.), die Geschichte als sich wie in einem Rad wiederholendes Geschehen verstehen, geht es dagegen um einen apersonalen Gottesbegriff, das heißt um einen Gott, der als Kraft in allem herrscht und verschiedene Formen in der Welt annimmt. Hier bedeutet Mystik, mit diesem Urgrund allen Seins eins werden zu wollen. Allerdings lässt sich diese Unterscheidung nicht ganz durchhalten, da auch der Hinduismus und der Buddhismus Gottheiten kennen, die eine deutlich erkennbare Persönlichkeit aufweisen.

Auch für Christen ist das Studium außerchristlicher Mystik hilfreich. Indem wir ohne Vorurteile die Erfahrungen anderer Gläubiger anschauen, werden wir herausgefordert, uns nach unserer eigenen Gotteserfahrung zu fragen. Es greift zu kurz, die Mystik als Weg der Selbsterlösung mit der christlichen Erlösungslehre als unvereinbar zu betrachten. Jesus Christus ist gemäß dem biblischen Zeugnis nicht allein der Erlöser, sondern auch der Lehrer der Weisheit und der Mystagoge, der uns einführt in die Erfahrung der unbegreiflichen Liebe

*Mystik ist ein Phänomen, das allen **Weltreligionen** gemeinsam ist, wenn auch in ganz unterschiedlicher Ausprägung. Es geht dabei immer um die Frage des Menschen nach der Erfahrbarkeit Gottes: Kann ich Gott spüren, kann ich ihn mit meinen Sinnen begreifen? Die Antwort der verschiedenen Religionen ist sehr unterschiedlich und hängt vom jeweiligen Gottes-, Geschichts- und Menschenbild ab, das der jeweiligen Religion zugrunde liegt. Das bedeutet: Jede hat ihre ganz eigene Sprache, ihre ganz eigenen Bilder dafür, aber der Ausgangspunkt der Mystik ist in allen Religionen die gleiche menschliche Grundfrage. Daher können die Erfahrungen der anderen Religionen in diesem Bereich für unsere eigene Antwort, unsere eigene Erfahrung hilfreich sein.*

Gottes. Wenn wir die ganze Bibel ernst nehmen, dann können wir in ihr schon einen Dialog mit den mystischen Strömungen außerchristlicher Religionen erkennen. An erster Stelle ist dabei die Gnosis zu nennen, die die Sehnsucht der Mystik nach Erleuchtung und Gotteserfahrung so überzeugend zum Ausdruck brachte, dass sie für die etablierte Kirche zu einer echten Gefahr wurde. Schon damals suchten die Menschen nach Erleuchtung und Gotteserfahrung. Sie wollten sich nicht damit begnügen, nur an das Wort zu glauben, das andere ihnen verkündeten.

Wer die Bibel ohne Vorurteile liest, wird mit der Sehnsucht nach Mystik konfrontiert. Auch heute tragen die Menschen diese Sehnsucht in sich, vielleicht noch in größerem Maß als damals, und erwarten darauf eine Antwort aus christlicher Sicht.

Die Bibel sagt uns, dass Gott Mensch geworden ist, damit wir Kinder Gottes werden, damit wir Anteil haben an der göttlichen Natur, wie es der 2. Petrusbrief ausdrückt (2 Petrus 1,4), damit wir – wie es dann die Kirchenväter interpretiert haben – vergöttlicht werden.

Die Geschichte der Mystik im Christentum beginnt mit Jesus Christus. Er ist für Christen Gottes Sohn. Aber unabhängig von dieser Aussage über sein Wesen dürfen wir davon ausgehen, dass Jesus ein mystischer Mensch war. Er hat Gott in sich erfahren. Von seiner Einheit mit dem Vater spricht er vor allem im Johannesevangelium, aber auch in den anderen Evangelien hören wir immer wieder, wie Jesus sich allein zurückzieht, um im Gebet die Nähe des Vaters zu spüren. Im Gebet erkennt er sein Wesen, weiß er sich eins mit Gott. In seiner Verkündigung will er uns so von Gott erzählen, dass wir ihn auch erfahren. Gerade in den Gleichnissen will er unsere oft festgefügten Gottesbilder aufbrechen und uns öffnen für das Geheimnis des ganz anderen Gottes. Seine Gleichnisse sind sozusagen die Kunst, uns in die Erfahrung Gottes einzuführen.

Im Neuen Testament begegnen wir vor allem in den Texten von Johannes und Paulus einer mystischen Theologie. Sie zeigen: Der Weg des Christen ist ein Weg wachsenden Einswerdens mit Gott. Doch auch die Evangelien nach Matthäus, Markus und Lukas und die Briefliteratur des Neuen Testaments lassen die mystische Dimension unserer Beziehung zu Gott erkennen.

Die Mystik der Evangelien

Im Matthäusevangelium wird deutlich: Jesus will in seiner Lehre in die Erfahrung Gottes als des Vaters hineinführen. Matthäus ist es dabei wichtig, dass die mystische Erfahrung Gottes sich auch in einem neuen Verhalten ausdrückt. Daher steht das Vaterunser als Ausdruck der Gebetserfahrung in der Mitte der Bergpredigt. Nur wenn das Gebet in einem neuen Verhalten mündet, ist es authentisch. Die mystische Erfahrung Gottes als unser Vater und von uns selbst als Söhne und

*Im **Neuen Testament** wird vor allem in den Texten von Paulus und Johannes christliche Mystik erkennbar, aber auch die übrigen Evangelien sprechen in ihrer je eigenen Weise mystisch von Jesus. Für die Autoren des Neuen Testaments steht im Mittelpunkt ihrer Schriften: Wie kann ich Gott selbst erfahren, was wird durch diese Gotteserfahrung in meinem Leben spürbar und auch spürbar anders? Da die Evangelisten vor allem für Menschen schrieben, die Jesus als historischen Menschen nicht mehr erlebt hatten, wollten sie aufzeigen, dass er Mensch wurde und den Menschen in der Begegnung mit ihm Gotteserfahrung vermittelt hat. Das hat er nicht nur an seine Jünger weitergegeben, sondern an alle, die ihm nachfolgen, sodass auch jene Gott erfahren können, die Jesus nicht kannten. Den Weg zur Gotteserfahrung beschreibt aber jeder der Evangelisten auf seine ganz eigene Art.*

Töchter Gottes, die wir im Gebet machen dürfen, ruft nach einem neuen Tun, nach einem versöhnenden Handeln, das den Riss heilt, der durch die menschliche Gesellschaft geht.

Lukas möchte in seinem Evangelium zeigen, dass Jesus der göttliche Wanderer ist, der vom Himmel herabkommt, um mit uns zu wandern und uns an unseren göttlichen Kern zu erinnern. In der Auferstehung ist er ganz er selbst geworden. Da leuchtet Gottes Herrlichkeit in ihm auf. Auferstehung ist auch für uns der Weg zur Herrlichkeit Gottes, zum *autos* (griechisch), dem inneren Heiligtum, das laut stoischer Philosophie in unserer Seele liegt. Die Erfahrung der Auferstehung führt auch zu einer neuen Erfahrung von uns selbst. Wir kommen in Berührung mit unserem wahren Selbst, in dem Christus in uns ist. Mystik hat für Lukas nicht nur mit Gotteserfahrung, sondern immer auch schon mit Selbsterfahrung zu tun.

»Und das Wort ist Fleisch geworden und hat unter uns gewohnt und wir haben seine Herrlichkeit geschaut.« (*Johannes 1,14*)

Johannes schließlich beschreibt die mystische Dimension des Glaubens einerseits mit dem Begriff des Schauens, zum anderen mit seinem Bild der Einwohnung und des Bleibens (griechisch: *menein*). Zunächst schauen wir in Jesus Christus das Wort Gottes, das Fleisch geworden ist. Gottes Herrlichkeit wird sichtbar in dem hinfälligen Menschen Jesus. Die ersten Jünger gehen vor allem in eine Schule des Glaubens und des Sehens. Johannes schaut eindringlich auf Jesus, der wiederum die Jünger ansieht. Sie gehen zu ihm, um zu schauen, wie er lebt. Die ersten beiden Wörter für sehen (griechisch: *horan* und *blepein*), die Johannes in seinen Texten benutzt, meinen mehr ein Sehen, um Jesus wahrzunehmen, ihn zu beobachten und im Blick auf ihn die Augen zu öffnen. Das dritte Wort, in dem das Schauen Jesu gipfelt, ist das griechische Wort *theorein* – letztlich ein mystisches Schauen, ein Schauen, das tiefer eindringt in das Geheimnis des Seins und das in diesem Menschen Jesus Gott selbst erkennt. Glauben ist ein tieferes Schauen. Ich schaue im Menschen Jesus Gott, Gottes Liebe, die sich in ihm ausdrückt, und Gottes Herrlichkeit, die in ihm aufleuchtet. Für die Griechen ist die Mystik immer eine Mystik des Schauens gewesen. Im Schauen (griechisch: *theorein* oder *theasthai*) sehen sie Gott (griechisch: *theos*). Sie schauen Gott nicht direkt, aber in der Schönheit der Schöpfung und des menschlichen Antlitzes erblicken sie den Abglanz der absoluten Schönheit Gottes.

Der andere Aspekt johanneischer Mystik zeigt sich im Bild von der Einwohnung Gottes im Menschen. In den Abschiedsreden sagt Jesus im Johannesevangelium: »Wenn jemand mich liebt, wird er an meinem Wort festhalten; mein Vater wird ihn lieben, und wir werden zu ihm kommen und bei ihm wohnen«

(Johannes 14,23). Im griechischen Urtext heißt es hier: *monen poiesometa* = Wir werden in seinem Herzen eine Wohnung schaffen, in der wir in ihm oder bei ihm wohnen werden. Die Worte »Wohnung« (*mone*) und »bleiben« (*menein*) kehren in diesem Textabschnitt immer wieder. Jesus wird uns im Himmel eine Wohnung bereiten, aber schon jetzt wohnen oder bleiben wir in ihm, denn er ist der Weinstock, und wir sind die Reben. So mahnt er uns: »Bleibt in mir, dann bleibe ich in euch. Wie die Rebe aus sich keine Frucht bringen kann, sondern nur, wenn sie am Weinstock bleibt, so könnt auch ihr keine Frucht bringen, wenn ihr nicht in mir bleibt« (Johannes 15,4). In diesem Vers spricht Johannes vier Mal von *menein*: Wir bleiben und wohnen in der Liebe Jesu. Das macht unser Leben fruchtbar. Ohne dieses Bleiben sind wir von unserem wahren göttlichen Grund abgeschnitten. Dann werden wir zwar vieles nach außen hin tun, aber es wird keine Frucht bringen. Die Frucht menschlichen Seins und Wirkens kommt aus dem Einssein mit Christus, dem Wohnen in ihm und Bleiben bei und in ihm. Umgekehrt wohnen Gott und Christus auch in uns. Christus ist der innerste Kern, durch den wir zu unserem eigenen wahren Selbst finden.

Das andere Bild, das die mystische Dimension des Johannesevangeliums zum Ausdruck bringt, ist das des Einswerdens. Es ist eine geheimnisvolle Einheit, die Einheit zwischen Personen, zwischen dem Vater und dem Sohn, aber auch zwischen dem Sohn und uns. Im Sohn sind wir auch eins mit dem Vater.

> *»Alle sollen eins sein: Wie du, Vater, in mir bist und ich in dir bin, sollen auch sie in uns sein, damit die Welt glaubt, dass du mich gesandt hast. Und ich habe ihnen die Herrlichkeit gegeben, die du mir gegeben hast; denn sie sollen eins sein, wie wir eins sind, ich in ihnen und du in mir. So sollen sie vollendet sein in der Einheit.« (Johannes 17,21–23)*

Alles in uns soll in die Einheit mit Gott hineingenommen werden. Das ist keine Verschmelzung mit Gott, sondern ein personales Einswerden. Jesus zeigt im Johannesevangelium einen Weg zu dieser Einheit auf: Er ist vom Vater hinabgestiegen auf die Erde, um alles Menschliche in Gott hineinzunehmen. So werden auch wir nur eins mit Gott, wenn wir wie Jesus den Mut haben, hinabzusteigen in die Abgründe unserer Seele und alles von Gottes Geist und Gottes Liebe durchdringen lassen. Dann werden wir in der Tiefe unserer Seele eins mit Gott.

Buddhistische Mönche lieben das Johannesevangelium, weil sie gerade die mystische Dimension darin für ihren eigenen Glauben entdecken. Sie deuten es sicher anders als wir Christen, aber ihre Liebe zu diesem Evangelium zeigt, dass Johannes in seinem Text die tiefe Sehnsucht der Menschen nach Erleuchtung, Verwandlung und Einswerden mit Gott angesprochen hat.

Die Mystik des Paulus

Die mystische Dimension der Theologie des Paulus zeigt sich zunächst einmal in seiner Geistmystik, die wir vor allem im Römerbrief finden: Der Geist Gottes ist als Liebe ausgegossen in unsere Herzen (vergleiche Römer 5,5). Er betet in uns. »Ihr habt den Geist empfangen, der euch zu Söhnen macht, den Geist, in dem wir rufen: Abba, Vater!« (Römer 8,15). Der Geist verbindet uns mit Gott. Er wirkt in den Tiefen unserer Seele und bringt alles in uns, wofür wir keine Worte finden, im Gebet vor ihn: »Wir wissen nicht, worum wir in rechter Weise beten sollen; der Geist selbst tritt jedoch für uns ein mit Seufzen, das wir nicht in Worte fassen können« (Römer 8,26). Alles ist vom Geist Gottes durchdrungen. Das gibt unserem Leben

»Uns hat es Gott enthüllt durch den Geist. Der Geist ergründet nämlich alles, auch die Tiefen Gottes. Wer von den Menschen kennt den Menschen, wenn nicht der Geist des Menschen, der in ihm ist? So erkennt auch keiner Gott – nur der Geist Gottes. Wir aber haben nicht den Geist der Welt empfangen, sondern den Geist, der aus Gott stammt.« (1 Korinther 2,10–12)

einen neuen Geschmack. Im Geist sind wir in Gott hineingenommen. Im ihm wirkt Gott selbst in uns.

Paulus entfaltet seine Mystik dann vor allem in den beiden Korintherbriefen. Die Korinther hatten Kontakt zu vielen mystischen Strömungen, die sich damals durch die Mysterienkulte im ganzen Römerreich ausbreiteten. So greift Paulus ihre Sehnsucht nach mystischen Erfahrungen, nach Weisheit und Erleuchtung auf. Auf diese antwortet Paulus im 1. Korintherbrief in seinen Darlegungen über den Geist der Weisheit: Der Geist führt uns zur Erleuchtung und lässt uns Gott erkennen. Es ist der Geist Gottes selbst, der in uns wirkt. In ihm ist Gott in uns.

Im 2. Korintherbrief lässt Paulus uns an seinen mystischen Erfahrungen teilhaben, an seiner Himmelsreise, die er in mystischen Worten beschreibt. Er wurde eingeweiht in unaussprechliche Geheimnisse. Paulus versteht Mystik als Verwandlung in Jesus Christus hinein. Das geschieht durch das Schauen und durch die Teilhabe (griechisch: *koinonia*). Seine Mystik des Schauens wird sichtbar in 2 Korinther 3,18: »Wir alle spiegeln mit enthülltem Angesicht die Herrlichkeit des Herrn wider und werden so in sein eigenes Bild verwandelt, von Herrlichkeit zu Herrlichkeit, durch den Geist des Herrn.« Im Schauen auf Jesus werden wir in ihn hineinverwandelt, von seinem Geist erfüllt, von seiner Liebe und seinem Licht durchdrungen. Das Geheimnis der Teilhabe wird deutlich in der Formulierung »in Christus sein«, die Paulus insgesamt achtzig Mal verwendet. Wir haben teil an ihm, wir leben in ihm, wir wohnen in ihm und er in uns. Das erneuert und verwandelt uns, denn es befreit uns von der Macht der Welt. Alles Suchen nach Anerkennung ist durch Christus ausgelöscht worden. Aber nicht nur die Welt hat keine Macht mehr über ihn, er ist auch frei geworden von seinem eigenen Ego: »Ich bin mit Christus gekreuzigt worden; nicht mehr ich lebe, sondern Christus lebt in mir« (Galater 2,19 f.). In Christus hat Paulus eine neue Identität gefunden, er ist seine innerste Wirklichkeit geworden. Das ist Ausdruck seiner Christusmystik, in der es nicht nur um eine sehr persönliche und intime Beziehung zu Christus geht, sondern um ein Sein in Christus, um eine wesensmäßige Verwandlung in Christus hinein. Christus ist sein wahres Selbst geworden, sein innerster Personkern. Er lebt aus ihm heraus und nicht mehr aus dem Ego.

Wenn wir als Christen über Mystik sprechen, dann sollten wir zuerst in der Heiligen Schrift, in der Bibel forschen. Dort finden wir immer wieder mystische Aussagen. In der frühen Kirche war die Mystik vor allem Schriftmystik. Es ging den Kirchenvätern darum, den mystischen Sinn, den verborgenen Sinn der Worte der Heiligen Schrift zu erkennen. Und sie haben gerade in diesem Licht auch die späteren Schriften wie den Hebräerbrief, die beiden Petrusbriefe und die Johannesbriefe mystisch gedeutet. Im Hebräerbrief geht es um das innere Heiligtum, das in der menschlichen Seele ist. In dieses Heiligtum in unserer Seele ist Christus durch seinen Tod am Kreuz eingezogen (vergleiche Hebräer 6,19). Der zweite Petrusbrief spricht in mystischen Begriffen davon, dass die Apostel »Augenzeugen seiner Macht und Größe« waren (2 Petrus 1,16), und wünscht, dass Christus selbst als Morgenstern aufgeht in unseren Herzen (2 Petrus 1,19). Das Neue Testament ist nicht in erster Linie Lehre über Jesus Christus, sondern eine Einweisung in die Erfahrung Jesu Christi und durch ihn in die Erfahrung Gottes.

3 Einswerden im Selbst –
Die Mystik des christlichen Ostens

Die Kirchenväter haben mit ihrem Verständnis von Mystik auf die schmerzliche Erfahrung der Griechen geantwortet, die sich innerlich gespalten fühlten und zerrissen zwischen Himmel und Erde, Geist und Trieb. Sie sehnten sich danach, dies zu heilen und eins zu werden. So beschreiben die griechischen Kirchenväter eine Mystik des Einswerdens. Manchmal tun sie dies in einer erotischen, oft genug aber eher in einer philosophischen Sprache. Ihnen geht es darum, dass der Mensch die Erfahrung des Einsseins macht.

In diesem Einssein wird Gott oft nicht bewusst als Gegenüber erfahren, sondern als Grund allen Seins, das heißt: Ich erfahre ursprünglich das Einssein und frage gar nicht, mit wem ich eins bin. Es ist einfach eine Erfahrung, die mein Gespaltensein überspringt, die mich eins sein lässt mit mir selbst.

Als **Kirchenväter** *bezeichnet man einige Leiter und Lehrer in der alten Kirche der ersten acht nachchristlichen Jahrhunderte, die entscheidend zur Lehre und zum Selbstverständnis des Christentums beigetragen haben. Sie waren wesentlich daran beteiligt, den neutestamentlichen Kanon zu formen und zu interpretieren. Neben der Bibel gilt ihnen auch die kirchliche Tradition als wegweisend und bindend für die Lehre der Kirche. Man unterscheidet zwischen den griechischen und den lateinischen Kirchenvätern. Zu den griechischen zählten Johannes Chrysostomos, Gregor von Nazians, Gregor von Nyssa, Basilius von Cäsarea und Athanasius von Alexandria. Zu den lateinischen zählt man Gregor den Großen, Hieronymus, Augustinus von Hippo und Ambrosius von Mailand.*

Und wenn ich das reflektiere, erkenne ich, dass ich eins bin mit Gott, dem Urgrund aller Welt, eins mit allen Menschen und mit meinem eigenen Sein. Der Weg über das Einswerden ist kein psychologischer, sondern ein spiritueller. Er führt über die Vergöttlichung des Menschen: Indem Gott den Menschen mit seiner göttlichen Natur durchdringt, vereinigt er all das in ihm, was er selbst oft als getrennt und innerlich auseinanderstrebend erlebt.

Im Dialog mit Gnosis und Philosophie

Die griechischen Kirchenväter haben die Mystik des Neuen Testamentes im Dialog beziehungsweise der Auseinandersetzung mit zwei verschiedenen Theorien oder Denkansätzen entfaltet. Einer der »Gesprächspartner« war die sogenannte Gnosis, eine weit verbreitete spirituelle und mystische Strömung, die für die frühe Kirche auf der einen Seite anziehend, auf der anderen aber auch wegen ihrer in ihren Augen häretischen Anschauungen gefährlich wurde.

Allen voran sei hier Irenäus (ca. 135 bis 202, Bischof von Lyon) genannt, der die Menschwerdung Gottes als Vergöttlichung des Menschen versteht. Seine Mystik kommt in dem wunderbaren Satz zum Ausdruck: *Gloria enim dei vivens homo, vita autem hominis visio dei* (Gottes Herrlichkeit ist der lebendige Mensch, das Leben des Menschen aber ist die Schau Gottes). Der Mensch kommt erst zu sich, wenn er in der Schau Gottes mit ihm eins wird. Dann spiegelt sich im Menschen Gottes Herrlichkeit und macht ihn lebendig.

»Gottes Herrlichkeit ist der lebendige Mensch, das Leben des Menschen aber ist die Schau Gottes.« (Irenäus von Lyon)

Gnosis, von altgriechisch *gnōsis* = (Er-)Kenntnis, bezeichnet verschiedene religiöse Lehren und Gruppierungen des 2. und 3. Jahrhunderts. In der Literatur dieser Zeit war Gnostiker zunächst eine gängige Bezeichnung für Intellektuelle. Gnosis bedeutete hier Erkenntnis im allgemeinen Sinn. Gnosis (auch Gnostik oder Gnostizismus) bezeichnet aber zunehmend auch ein religiöses Geheimwissen, das die Gnostiker in ihrem Selbstverständnis vom Rest der Welt trennt. Kennzeichnend für gnostisches Denken ist, dass die materielle Welt als böse Schöpfung eines Schöpfergottes (»Demiurg«) gesehen und somit auch der menschliche Körper negativ beurteilt wird. Diesem Demiurgen gegenüber steht ein vollkommen jenseitiger, oberster Gott, der als »göttlicher Funke« in jedem Menschen existiert, in der materiellen Welt aber »fremd« ist und bleibt. Ziel des Menschen ist es, den göttlichen Funken zu erkennen und ihn von allem Materiellen zu befreien. In dem daraus resultierenden Schema von gut = geistlich-überweltlich und böse = materiell-körperlich ist die fundamentale Trennung von Leib und Seele, Welt und Gott zu erkennen, die sich auch in der christlichen Lehre häufig wiederfinden lässt.

Der andere Dialogpartner, der für die Entfaltung der christlichen Mystik wichtig war, ist die griechische Philosophie, vor allem die Philosophie Platons. Clemens von Alexandrien, ein Theologe und Kirchenschriftsteller, der um 150 bis 215 lebte, hat sich sowohl mit der Gnosis als auch mit der griechischen Philosophie auseinandergesetzt. Für Clemens ist der Christ der wahre Gnostiker. Allerdings ist sein Bild des Gnostikers auch geprägt vom philosophischen Ideal des Weisen. Das Ziel

> *»Wie aber der Arzt denen Gesundheit verschafft, die mit ihm auf die Gesundheit hinarbeiten, so schenkt auch Gott das ewige Heil denen, die mit ihm auf die Erkenntnis und das Verrichten guter Taten hinarbeiten.«* (Clemens von Alexandrien)

»Das Gute ist einfach und klar; verwirrend vielfältig aber ist das Schlechte. Einfach ist die Wahrheit; vielfältig ist die Lüge.« (Origenes)

des Weisen ist – im Anschluss an Platon – die immer größere Angleichung an Gott. Doch der Weg dorthin führt über eine beständige Läuterung, die Clemens vor allem als Läuterung der Liebe, des Eros versteht. Clemens gebraucht schon die beiden Begriffe, die für die Mystik wichtig werden: *Mystikos* und *Mysteria. Mysteria* nennt er die unsagbaren Geheimnisse Gottes, die der christliche Gnostiker durch ein immer tieferes Eindringen in das Verständnis der Heiligen Schrift zunehmend enthüllt. *Mystikos* meint den hintergründigen Sinn der Worte der Bibel oder der Liturgie.

Der dreifache Weg des Origenes

Diese Ansichten entwickelt der wohl größte Theologe der ersten Jahrhunderte weiter: Origenes. Er lebte von etwa 185 bis 254, war Lehrer und Leiter der alexandrinischen Katechetenschule und Schüler von Clemens von Alexandrien. Origenes galt schon zu Lebzeiten als bedeutendster und umstrittenster Theologe der griechischen Kirche. Seine Ansichten beeinflussten nahezu die gesamte Theologie des griechischen Ostens und führten zu heftigen Auseinandersetzungen. 553 wurde seine Lehre als häretisch verurteilt. Das hatte nachhaltige Auswirkungen auf die Überlieferung seines literarischen Werks; es ist weitgehend nur noch fragmentarisch erhalten.

Für ihn ist die Begegnung mit Jesus Christus entscheidend für die christliche Mystik. Ihm begegnet man, indem man den mystischen Sinn der Schrift entdeckt. Origenes hat durch seine spirituelle oder mystische Schriftauslegung das Verständnis der Bibel bis in die Neuzeit hinein geprägt. Er legt das Hohelied der Liebe im Alten Testament als Liebesbeziehung zwischen Christus und der menschlichen Seele aus. Das Ziel dieser Liebesbeziehung ist die Schau Gottes, die *Theoria*. Durch die Schau hat der Mensch an Gott teil. Er »wird vergöttlicht durch das, was er erschaut« (Comm. in Joan. XXXII,2). Indem wir auf Jesus Christus schauen, der von Gott ganz und gar durchdrungen ist, werden wir selbst vergöttlicht. Origenes verbindet hier die platonische Philosophie mit der persönlichen Beziehung zu Jesus Christus. Die Philosophie wird ihm zur Hilfe, das Geheimnis Jesu Christi und das Geheimnis des Christen als Vergöttlichung durch Jesus Christus zu verstehen.

Origenes hat schon im Anschluss an Platon vom dreifachen Weg der Mystik gesprochen, vom Weg der Reinigung (*Katharsis*), der Erleuchtung (*Photismos*) und der Vollendung (*Teleiosis*), der im Mittelalter dann eher Weg der Einigung (*Via unitiva*) genannt wurde. Er hat diese drei Wege den drei Büchern des Salomo im Alten Testament zugeschrieben: dem Buch der Sprichwörter, das den ethischen Weg der Reinigung beschreibt, dem Buch Kohelet, das uns hinter die Dinge schauen lässt, und dem Hohelied der Liebe, das uns in die Einheit mit Gott führt, in die Vollendung in Gott. Von diesem dritten Weg sagt Origenes: »Hat die Seele die beiden ersten Kurse durchlaufen, ist sie bereit, zu den dogmatischen und mystischen Materien zu kommen und sich zur Kontemplation des Göttlichen mit reiner geistlicher Liebe zu erheben« (McGinn 177). In der Auslegung des Hoheliedes bekommt die Mystik eine erotische und affektive Dimension. So spricht Origenes davon, dass er verwundet von Liebe ist, und vom Kuss der Liebe, in dem er das Wort Gottes voller Liebe empfängt, von der geistlichen Umarmung, in der ihn Gott liebevoll umarmt. Seit Origenes verwenden die meisten christlichen Mystiker die erotische Sprache, um die Erfahrung des Einswerdens mit Gott auszudrücken. Das zeigt, dass die christliche Mystik nicht leibfeindlich ist,

Das Ziel der Kirchenväter war es, in der **Auseinandersetzung mit der Gnosis und der griechischen (platonischen) Philosophie** *eine christliche Mystik zu entfalten, das heißt zu definieren: Was heißt Einswerden mit Gott? Was heißt Vergöttlichung? Was heißt »göttliche Schau«? Dabei benutzen sie bewusst Begriffe aus der Gnosis und der Philosophie, einerseits, damit die Christen, die aus der griechischen Tradition kamen, verstehen konnten, wovon in den Schriften der Kirchenväter die Rede ist. Andererseits aber auch, damit deutlich wurde, was das Christentum an Besonderem zu bieten hat bzw. was genau es unterscheidet von Gnosis und Philosophie. Dass sie die gleichen Begriffe aufgreifen, hat zunächst also den Sinn, eine einheitliche Sprache zu sprechen. Gerade in der Deutung dieser Begriffe gelingt es dann aber, sich von Gnosis und Philosophie abzusetzen. Das birgt jedoch auch die Gefahr, dass die Begriffe ohne Erläuterung falsch verwendet oder gedeutet werden, eben wieder im Sinn der Philosophie oder Gnosis. Über lange Jahre war daher die Gnosis eine mehr als ernst zu nehmende Bedrohung für das Christentum. In der Auseinandersetzung mit ihr hat dies jedoch auch zu einer enormen Schärfung der christlichen Lehre und Deutung geführt.*

sondern das Begehren des Leibes zu Ende denkt und transformiert in eine geistliche Sehnsucht, in die Sehnsucht nach einer Liebe, die unsere tiefste Bedürftigkeit erfüllt.

Letztlich haben alle griechischen Kirchenväter über die mystische Dimension des christlichen Glaubens geschrieben. Ich möchte mich jedoch beschränken auf zwei bedeutende Theologen, die diese Tradition weithin geprägt haben: Gregor von Nyssa und Dionysos Areopagita (lebte um das Jahr 500).

»Die wahre Schau Gottes besteht darin, dass die Seele, die zu Gott aufschaut, niemals in ihrem Sehnen nach ihm aufhört.« (Gregor von Nyssa)

Gregor von Nyssa lebte von 335 bis etwa 394 und war der jüngste Bruder des Basilius von Caesarea. 372 wurde er Bischof von Nyssa. Er leistete zwei wichtige theologische Beiträge: Erstens entwickelte er die sogenannte Trinitätslehre, zweitens war seine spirituelle Theologie von großer Bedeutung. So spricht er von zunehmender Dunkelheit, je mehr der Mensch sich Gott nähert. »Je näher die Seele Gott kommt, desto tiefer wird sie der unausschöpflichen Unerkennbarkeit Gottes inne« (Theologische Realenzyklopädie, TRE, 554, Andrew Louth). Die Sehnsucht, Gott zu schauen, wird hier auf Erden nie erfüllt. »Die wahre Schau Gottes besteht darin, dass die Seele, die zu Gott aufschaut, niemals in ihrem Sehnen nach ihm aufhört« (Vita Moysis II 223). Daher versteht Gregor das geistliche Leben als einen endlosen Aufstieg der Seele zu Gott. Auf diesem Weg erlebt der Mensch immer wieder unerfüllte Begegnungen mit dem göttlichen Liebhaber, der sich seinem Zugriff entzieht, um ihn noch mehr an sich zu ziehen. Gottes Gegenwart umhüllt den Menschen. Der Mensch ist sich dieser Gegenwart gewiss, aber sie bleibt trotzdem dunkel und für ihn nicht erkennbar. Die Seele vereinigt sich in der Liebe mit Gott in der Dunkelheit. Doch diese Vereinigung ist niemals endgültig. Sie stillt nie das Verlangen der Seele, sondern stachelt immer mehr ihre Sehnsucht an. Die Sehnsucht ist der Ort, an dem die Seele Gott erfährt.

... und die bleibende Sehnsucht Gottes nach dem Menschen

Kaum ein anderer Theologe hat die mystische Tradition des Christentums so geprägt wie Dionysius Areopagita. Dionysius wird im Mittelalter mit dem Mann identifiziert, der sich auf die

Predigt des heiligen Paulus auf dem Areopag hin bekehrt hat und ihm nachgefolgt ist. Doch damit wollte man nur seine Bedeutung unterstreichen. Bis jetzt entzieht sich Dionysius dem historischen Zugriff. Sicher ist nur, dass seine Schriften um das Jahr 500 entstanden sind. Aber wer der Verfasser ist, können wir nicht sagen. Dionysius hat vor allem die neuplatonische Philosophie Plotins in die christliche Theologie der Mystik eingebracht. Auch Dionysius spricht vom dreifachen Weg der Mystik, vom Weg der Läuterung, der Erleuchtung und der Vervollkommnung. Das Ziel dieses Weges ist die *Theosis*, die Vergöttlichung des Menschen. Sie geschieht »in der verborgenen Wolke der Unwissenheit«. Ähnlich wie Gregor von Nyssa spricht auch Dionysius vom göttlichen Dunkel. In ihm werden wir mit Gott eins auf eine Weise, die den Verstand übersteigt. Eine wichtige Rolle auf diesem Weg der Vergöttlichung spielen dabei die Sakramente. Dionysius nennt es den mystischen, das heißt verborgenen Sinn der Sakramente und der Heiligen Schrift. Wie bei allen griechischen Kirchenvätern ist auch bei ihm Mystik immer zugleich Kultmystik und Schriftmystik. Indem wir den verborgenen Sinn der kirchlichen Rituale und der Worte der Bibel erkennen, werden wir über alles Wissen hinausgeführt und im Dunkel des Nichtwissens eins mit Gott. Dionysius spricht nicht nur von der göttlichen *Agape*, also einer eher allgemein menschlichen Liebe, sondern auch vom göttlichen *Eros*, einer erotischen Liebe, in der Gott sich nach dem Menschen sehnt. Er tritt aus sich heraus, um dem Geliebten zu gehören. Der göttliche Eros durchdringt die ganze Welt und stiftet ihr die Sehnsucht nach Gott ein. Alles – Welt und Mensch – strebt danach, mit der göttlichen Liebe eins zu werden. Das Urbild des Mystikers ist für Dionysius Mose, der die Welt hinter sich lässt, »in der man noch sehen und gesehen werden kann: Jetzt erst dringt er in das wirklich mystische Dunkel des höchsten unerkennbaren Lichtes« (MT I,3 1001A; McGinn 259).

Einswerden im Selbst

Die griechische Mystik fasziniert heute vor allem die Menschen, die sich mit der außerchristlichen Mystik beschäftigen. Auch wenn die griechischen Kirchenväter immer an den personalen Gott glaubten, so sprachen sie doch meistens von der Vergöttlichung, von der Durchdringung des Menschen mit der göttlichen Natur, mit dem Geist Gottes, und von der Erfahrung des Einswerdens, die unabhängig ist von der Erfahrung eines Gegenübers. Im Einswerden erkenne ich vielmehr auf dem Grund meiner Seele Gott als die Ermöglichung meines Einsseins. Die griechische Mystik antwortet heute den vielen, die in der Geschichte der Philosophie, vor allem in den Schriften der mystischen Philosophen wie Platon und Plotin, Nikolaus von Kues und dem deutschen Idealismus nach Weisheit und Erkenntnis suchen. Sie ist eine eher intellektuelle Mystik und hält für die Antworten bereit, die mit der Vernunft die Abgründe Gottes und des Menschen verstehen möchten. Die griechische Mystik nimmt unsere Vernunft ernst, führt sie aber über sich hinaus in das unbegreifliche Geheimnis Gottes hinein. Von ihr werden vor allem die angezogen, die – ob im religiösen Bereich oder auch im Bereich der Kunst und der Philosophie – nach dem Geheimnis suchen, das größer ist als sie selbst, die sich danach sehnen, eins zu werden, sich in der Einheit selbst zu vergessen und sich in Gott hinein zu übersteigen.

4 Einswerden im Du –
Die Wege der Mystik des Westens

Jeder Mensch sehnt sich danach, zu lieben und geliebt zu werden. In der Liebe machen wir die Erfahrung von Verzauberung und Erfüllung, aber zugleich auch von Enttäuschung und Verletzung. Deshalb sehnen wir uns nach einer Liebe, die größer ist als die menschliche Liebe, die unsere Erfahrungen von Erfüllung und Enttäuschung übersteigt und zugleich umgreift. Es ist letztlich die Sehnsucht nach einer Ekstase der Liebe in Gott hinein. Diese mystische Gottesliebe ist kein Gegensatz zur menschlichen Liebe, sondern ihre Durchdringung und Heilung.

Auf diese Sehnsucht nach einer anderen Dimension der Liebe antwortet die Liebesmystik, wie sie in den westlichen Kulturen vor allem Frauen entfaltet haben. Grundsätzlich war schon in der griechischen Mystik die Liebe als einer ihrer Aspekte vorhanden. Im Westen findet die mystische Liebe jedoch stärkeren Ausdruck in einer psychologischen und affektiven Sprache.

Nicht alle Mystikerinnen und Mystiker haben eine spezielle Liebesmystik entfaltet. Die Unterschiede zwischen den einzelnen Strömungen sind groß. Ich kann in diesem kurzen Überblick nicht alle Aspekte berücksichtigen, und so möchte ich einzelne wichtige Themen herausgreifen.

Wo und wie finde ich Gott?
Augustinus

Einer der Väter dieser Liebesmystik war Augustinus, der sich zeitlebens nach Freundschaft sehnte. Freundschaftliche Beziehungen waren die Grundlage seines Daseins. Wenn Augustinus von seiner Liebe zu Gott spricht, dann schwingt darin die Sehnsucht nach menschlicher Liebe mit. Grundlage seiner mystischen Theologie ist das unruhige Herz, das Heimweh hat nach Gott und nur in Gott zur Ruhe findet.

Der Mensch ist in sich zerrissen und sehnt sich danach, eins zu werden mit sich selbst. Allerdings war Augustinus klar, dass der Mensch seine Zerrissenheit nicht von sich aus überwinden kann. Dazu bedarf es der Gnade Gottes. Manchmal kann er im Gespräch, im Gebet, im Singen oder in der Stille die Erfahrung machen, dass seine Seele zu Gott emporgerissen wird. Berühmt ist das Gespräch von Augustinus mit seiner Mutter Monica vor ihrem Tod, in dem sie gemeinsam Gott berührten und der Himmel sich über ihnen öffnete.

»Unruhig ist unser Herz, bis es ruht in dir.« (Aurelius Augustinus)

Augustinus rät immer wieder, in das eigene Innere einzutreten und dort Gott zu entdecken. So schreibt er in den *Confessiones*, den *Bekenntnissen*, einer seiner Hauptschriften, dass er sich durch die Lehre Platons aufgefordert fühlte, zu sich selbst zurückzukehren. Aber für ihn ist dieser Weg nach innen ein Weg gemeinsam mit Christus, der das Innere erleuchtet. So »trat ich unter deiner Führung in mein Innerstes ein und konnte es, weil du dich zu meinem Helfer gemacht hast. Ich trat ein, erblickte mit meinem Seelenauge, wie schwach es auch war, oberhalb dieses Auges meiner Seele, oberhalb meiner Vernunft ein unveränderliches Licht … Und heftig in mich einstrahlend,

Aurelius Augustinus, *354 bis 430, studierte zunächst in Thagaste, dann in Karthago. 13 Jahre lang lehrte er als Professor für Rhetorik in Thagaste und kam dann über Rom 384 nach Mailand. Zunächst war Augustinus fasziniert von einer geistig-religiösen Strömung, dem sogenannten Manichäismus. In Mailand ließ er sich jedoch nach einem Bekehrungserlebnis in der Osternacht 387 taufen, kehrte nach Thagaste zurück, verkaufte sein Vermögen und lebte drei Jahre mit Gleichgesinnten in klosterähnlicher Weise zusammen. 395 wurde er Bischof von Hippo Regius. Sein Einfluss als Prediger und Kirchenlehrer reichte weit über seine Diözese hinaus, und so wurde er mit der Zeit zum geistigen Führer der abendländischen Kirche. Augustinus war einer der größten Theologen der Kirchengeschichte, der in der Auseinandersetzung mit den philosophischen und religiösen Strömungen seiner Zeit seine Lehren entwickelte. Seine Lehre über die Erbsünde und die Prädestination prägten die Lehre der Kirche in den kommenden Jahrhunderten und beeinflussten auch wesentlich die Reformation.*

schlugst du die Schwäche meines Blickes zurück, und ich erbebte vor Liebe und Schauder« (*Confessiones* VII, 10,16, zitiert nach: McGinn 337). Die Schau des inneren Lichtes ist bei Augustinus nie nur etwas rein Intellektuelles, sondern immer mit Liebe verbunden. Mystik besteht für ihn aber nicht nur im Zurückkehren in das eigene Innere, sondern letztlich in einer Ekstase, in der der Mensch sich in Gott hinein überschreitet. Nach innen gehen heißt für ihn, über sich hinauszugehen: Die »Einkehr in den Seelengrund führt zur Entdeckung des inwendigen Gottes, der unendlich größer als die Seele ist, und so zu einer ›ekstatischen‹ Bewegung über sich selbst hinaus« (McGinn 351). Augustinus hat weniger eine Theologie der Mystik entfaltet, sondern gerade in den *Confessiones* von seinen eigenen Gotteserfahrungen in einer psychologischen Sprache gesprochen. Darin können wir uns heute noch wiederfinden.

Wer ist Gott, und wie kann ich ihn in meinem Leben erkennen?
Bernhard von Clairvaux

»Gott ist Liebe« (1 Johannes 4,8) – diese Bibelstelle zitiert Bernhard von Clairvaux immer wieder, sie bildet die Grundlage seiner Theologie und seiner Mystik. Gott kann nicht anders als lieben. Um über die Liebe des Menschen zu Gott zu sprechen, fordert Bernhard seine Hörer auf, nicht nur im Buch der Schöpfung oder im Buch der Bibel zu lesen, sondern auch in dem der eigenen Erfahrung. Daher spricht er nicht in einer rein theologischen, sondern oft in einer psychologischen Sprache, die die Erfahrung der Menschen berücksichtigt.

Die Erfahrung der menschlichen Liebe macht uns offen, das Geheimnis der göttlichen Liebe zu verstehen. Sein berühmtes Buch über die Liebe zu Gott beginnt er mit den markanten Worten: »Der Grund, Gott zu lieben, ist Gott. Das Maß ist,

»Ich liebe, weil ich liebe; ich liebe, um zu lieben.« (Bernhard von Clairvaux)

ohne Maß zu lieben.« Bernhard liebt es, immer wieder neue Bilder für die verschiedenen Stufen der Liebe anzuführen. Er argumentiert weniger, sondern will in seinen Predigten die Hörer zur Liebe bewegen. Er möchte sie mit seinen Worten mit der Liebe in Berührung bringen, die schon in ihren Herzen da ist, die aber immer wieder durch die Worte Gottes zu uns und oft genug auch durch menschliche Worte entflammt werden muss.

Durch alle Stufen der Liebe hindurch, durch die begehrliche Liebe, durch die Liebe, die auf Gegenliebe wartet, soll der Mensch zur reinen Liebe vordringen, die Bernhard in der klassischen Formel beschreibt: »Ich liebe, weil ich liebe; ich

Bernhard von Clairvaux, *1090 bis 1153, war einer der bedeutendsten Mönche des Zisterzienserordens, an dessen Ausbreitung über ganz Europa er maßgeblich beteiligt war. 1113 trat er in das 1098 neu gegründete Kloster Cîteaux ein, von dem sich der Name des Zisterzienserordens ableitet. Zwei Jahre später wurde er ausgesandt, um das Kloster Clairvaux zu gründen (1115), dessen erster Abt er wurde. In theologischer Hinsicht war er vor allem von der Prädestinationslehre des Augustinus geprägt. Durch sein diplomatisches Geschick und seine Redekunst gelang es ihm, im Auftrag von Papst Eugen III. den zweiten Kreuzzug (1147 bis 1149) auszurufen. Mit seinen Predigten entfachte er in ganz Europa einen Sturm der Begeisterung für dieses Unternehmen. Nach der Niederlage der Kreuzfahrer geriet Bernhard jedoch in die Kritik.*

liebe, um zu lieben.« Manche werfen Bernhard vor, er sei zu gefühlsbetont. Doch die Liebe, von der er schreibt, soll immer weise, klug, vernünftig, aber zugleich auch süß und stark sein. Bernhard glaubt, der Intellekt sei mehr von der Sünde bedroht als der Wille, der Verstand also gefährdeter als die Liebe. In Luzifer, dem gefallenen Engel, sieht er die Gefahr, mit seinen geistreichen Gedanken brillieren (leuchten) zu wollen. Besser wäre es seiner Ansicht nach daher, wenn er *Ignifer* wäre, wenn er vor Liebe brennen würde. Wer in Liebe brennt, der ist in seinem Herzen immer letztlich für Gott offen. Er muss seine Liebe nur läutern, damit sie durch alle Erfahrungen menschlicher Liebe hindurch vordringt zur unermesslichen Liebe Gottes.

Bernhard spricht mit seiner Mystik der Liebe die Sehnsucht der Menschen nach einer Liebe an, die nicht aufhört, wenn menschliche Liebe scheitert. Es ist keine abstrakte Liebe, sondern eine Liebe, die in der zwischenmenschlichen Liebe aufleuchtet und die vor allem auch in der Person Jesu Christi für uns Menschen aufstrahlt. Gottes Liebe ist sichtbar geworden, sowohl in der Krippe als auch am Kreuz. Daher wächst sie im Menschen, je mehr er das Leben Jesu meditiert. Das Ziel ist, eins zu werden mit Gott. Bernhard zitiert gerne die Worte von Paulus: »Wer sich an den Herrn bindet, ist ein Geist mit ihm« (1 Korinther 6,17). Wer mit Gott eins wird, der wird sich selbst entrückt und trunken von göttlicher Liebe. »Dies geschieht, wenn der Geist, angelockt durch die Süßigkeit des unaussprechlichen Wortes, sozusagen sich aus sich selbst hinausstiehlt, oder besser gewaltsam entführt wird und sich selbst entgleitet, um das Wort zu genießen« (zitiert nach McGinn II, 324). In diesem Zitat wird die Kraft der Sprache deutlich, mit der Bernhard seine Hörer und Leser immer mehr für die Liebe zu Gott und die Liebe Gottes begeistern möchte. Beim Lesen seiner Worte spüren wir etwas von der Liebe, die daraus spricht. Das ist wichtiger als das ganze theologische System, das man in den Schriften Bernhards zu erkennen suchte. Er entzieht sich immer wieder aller Systematisierung. Ihm ist es wichtiger, dass seine Hörer der Liebe trauen, die sie in sich spüren und nach der sie sich immer mehr sehnen.

Was muss ich tun oder nicht tun, um Gott erfahren zu können?
Meister Eckehart

Meister Eckehart, ein mittelalterlicher Theologe, hatte mit seiner Mystik insgesamt wohl den größten Einfluss auf die christliche Mystik von heute, vor allem auch dadurch, dass er im 19. Jahrhundert von Theologen und Laien wiederentdeckt wurde. Damals sah man Meister Eckehart oft im Gegensatz zur kirchlichen Lehre, und die Verurteilung einiger seiner Thesen, in denen es mehr um seine Theologie als um seine Mystik ging, hat das Interesse an ihm wieder geweckt.

Für die heutigen Menschen ist er von Bedeutung, weil man in ihm einen Freigeist sieht, der der buddhistischen Mystik nahekommt. Doch Meister Eckehart hat als Professor der Theologie ein umfangreiches theologisches Werk verfasst. Ihm ging es um Rechtgläubigkeit, aber zugleich auch um eine Verbindung der biblischen Botschaft mit neuplatonischer Philosophie. Als einige seiner Thesen angegriffen wurden, verfasste er eine Rechtfertigungsschrift. Es werden aber nicht seine gesamte Theologie und Mystik verurteilt, man ist nur der Ansicht, dass er in einigen Sätzen zu kühn in seinen Ausführungen ist. Manche andere seiner Aussagen werden auch als häretisch bezeichnet. Meister Eckehart stand als Theologieprofessor und Provinzial der Dominikanerprovinz Saxonia ganz und gar in der

Eckehart von Hochheim, bekannt als **Meister Eckehart**, *um 1260 bis 1328, war ein bedeutender Theologe, Mystiker und Philosoph des Mittelalters. Leider gibt es nur wenige gesicherte Daten über sein Leben. Um 1275 trat er in Erfurt in den Orden der Predigerbrüder ein, 1294 wurde er Prior des Erfurter Dominikanerklosters, 1302 promovierte er in Paris. Um 1324 war Eckehart am Studium Generale in Köln. Dort wurde er durch Ordensbrüder beim Kölner Erzbischof Heinrich II. von Virneburg wegen angeblich häretischer Glaubensaussagen denunziert, anschließend der Inquisitionsprozess gegen ihn eröffnet. Zunächst verteidigte sich Eckehart schriftlich und appellierte sogar an den Apostolischen Stuhl, er ließ aber am 13. Februar 1327 seinen Sekretär eine schriftliche Erklärung verlesen, in der er die Glaubensirrtümer widerrief, die er eventuell geschrieben oder gepredigt haben sollte. Danach begab er sich auf den Weg nach Avignon, wo es wahrscheinlich 1327 in seiner Anwesenheit zu einer Anhörung vor einer päpstlichen Kommission kam. Man weiß nicht, ob Eckehart den Ausgang dieses Verfahrens noch erlebte und ebenso wenig, ob er im Dominikanerkloster in Avignon, auf der Heimreise oder in Köln starb.*

Kirche. Er hat vor allem vor Schwesternkonventen der Dominikanerinnen gepredigt. In seinen Predigten liebte er es, paradoxe Formulierungen zu wählen. Er bediente sich einer emphatischen Sprache, die die Zuhörerinnen für das Geheimnis Gottes aufschließen wollte. Hier ist nicht der Ort, sein umfangreiches Werk darzustellen. Ich möchte mich nur auf zwei in seinem Schaffen wesentliche Gedanken beschränken: die Gottesgeburt in der menschlichen Seele und die Haltung der Gelassenheit.

Für Meister Eckehart besteht der Anfang des mystischen Lebens darin, »in allem Ernst ein christliches Leben zu führen und den darin beschlossenen sittlichen Verpflichtungen nachzukommen« (Louth, TRE 567). Aber in diesem Leben geht es letztlich darum, von einem selbstgeführten zu einem gottgeleiteten Leben zu gelangen. Der Weg des Christen führt von den Seelenkräften, mit denen er in der Welt wirkt, in den Seelengrund, in dem Gott in ihm wirkt. Im Seelengrund, in dem innersten Raum der Seele, ist die reine Stille. In dieser Stille wird Gott im Menschen geboren. Meister Eckehart sagt von diesem inneren Raum der Stille: »Im innersten Wesen der Seele, im Fünklein der Vernunft, geschieht die Gottesgeburt. In dem Reinsten, Edelsten und Zartesten, was die Seele zu bieten vermag, da muss es sein: in jenem tiefen Schweigen, dahin nie gelangte eine Kreatur noch irgendein Bild.« In diesem inneren Raum der Stille lassen wir alle Bilder von Gott los. Wenn Gott in uns geboren wird, dann hört das Streben unseres Egos auf, ihn für uns selbst zu benutzen. Und umgekehrt gilt: Wenn wir auf unsere Gedanken über Gott verzichten, wenn wir die Bilder, die wir uns von Gott machen, loslassen, dann geben wir Gott die Möglichkeit, in uns geboren zu werden. Gottesgeburt in uns bedeutet, dass wir uns ganz und gar Gott überlassen.

Meister Eckehart nennt das die Gelassenheit, manchmal auch Abgeschiedenheit. Sie ist eine typische Haltung, die den

> *»Der Mensch, der gelassen hat und gelassen ist und der niemals mehr nur einen Augenblick auf das sieht, was er gelassen hat (...) – der Mensch allein ist gelassen.«* (Meister Eckehart)

Mystiker auszeichnet. Er muss die Dinge der Welt loslassen. Loslassen bedeutet, sich frei zu machen von der Abhängigkeit oder Anhänglichkeit. Meister Eckehart aber spricht auch davon, dass wir Gott lassen sollen. Wir sollen »Gott um Gottes willen« loslassen. Das heißt: Wir verzichten darauf, uns an unseren Bildern von Gott zu erbauen oder Gott für uns zu vereinnahmen. In dieser Gelassenheit überlässt sich die Seele Gott. Sie lässt alles eigene Wollen los: das eigene Ego, das Bestreben, durch spirituelle Erfahrungen zu glänzen. Wer so gelassen ist, der lässt Gott sein, wie er ist, der lässt die Dinge stehen. Wer Gott haben möchte, macht ihn klein. Nur wer Gott lässt, überlässt sich ganz und gar dem unergründlichen und unbegreiflichen Gott. Die Gelassenheit verzichtet darauf, in Gott einzudringen. Sie lässt ihn einfach Gott sein, ohne ihn für sich zu vereinnahmen. Gelassenheit bedeutet jedoch nicht Untätigkeit. Vielmehr ist der Mensch, der sich ganz Gott überlassen hat, frei zum Dienst für die anderen.

Heute sehnen wir uns nach Gelassenheit. Wir möchten frei werden von dem Druck, dem wir bei unserer Arbeit oft ausgesetzt sind. Aber wir vergessen, dass Gelassenheit mehr ist als eine rein menschliche Tugend, als innere Ruhe. Für Meister Eckehart ist sie eine innere Haltung, die alles betrifft, auch unsere Beziehung zu Gott. Gelassenheit hat auch etwas mit der Forderung Jesu zu tun: »Wer mein Jünger sein will, der verleugne sich selbst, nehme sein Kreuz auf sich und folge mir nach« (Markus 8,34). Nur wer sich selbst loslässt, kann durch Jesus Christus überformt werden und so in die innere Freiheit gelangen, die ihn allen Dingen gegenüber frei und gelassen sein lässt, ihn aber auch befreit zum Werk der Nächstenliebe.

Wo ist Gott in den Krisen meines Lebens?
Johannes Tauler, Heinrich Seuse

Wir leben oft nur an der Oberfläche und richten uns in unserem Leben ein, haben aber keine Verbindung zu unserer Seele, zu unserem Grund. Doch viele sind diese Oberflächlichkeit heute satt. Sie sehnen sich danach, aus dem Grund ihrer Seele zu leben und in ihrem Leben einen Grund zu haben. Auf diese Sehnsucht nach dem Grund unserer Seele antwortet Johannes Tauler, der Schüler von Meister Eckehart, der dessen manchmal allzu spekulative Gedanken in den Alltag übersetzt hat. Tauler lebte um 1300 bis 1361, war Dominikanermönch und vor allem in der Seelsorge für geistlich lebende Frauen tätig. Für diese schrieb er seine deutschsprachige mystische Predigtsammlung, die als einziges authentisches Werk bis heute überliefert ist. Er stand mit der auch in Laienkreisen verbreiteten mystischen Bewegung, den sogenannten Gottesfreunden in Kontakt.

Für ihn ist es oft das Leben, das uns die wahre Mystik lehrt. Das meint: In den Seelengrund können wir durchaus auch durch Meditation und Gebet gelangen, aber eigentlich sind es die Krisen unseres Lebens, die uns von der Oberfläche in die Tiefe führen. Tauler interpretiert das Gleichnis von der verlorenen Drachme in diesem Sinn (Lukas 15,8–10): Der Mensch hat sich oft genug eingerichtet in seinem Leben. Da macht es Gott wie eine Frau, die etwas sucht. Sie verschiebt die Schränke, stellt die Stühle auf den Tisch und verrückt alles im Raum, um das Verlorene zu suchen. So bereitet Gott dem Menschen ein »Gedränge«, eine Krise. In ihr stellt er das bisherige Lebenshaus auf den Kopf und sucht die Drachme, seine verlorene Mitte, sein ursprüngliches Bild, das Gott sich von ihm gemacht hat und das der Mensch vor lauter äußerer Aktivität verloren hat. Gott führt den Menschen in den Seelengrund.

»Wie alle Dinge rasten an ihrer Stätte, wie der Stein auf der Erde und das Feuer in der Luft, so rastet die Seele in Gott.« (Johannes Tauler)

Dort ist die verlorene Drachme zu finden. Und wenn Gott sie für den Menschen findet, dann wird der Mensch wesentlich. Dann beginnt er, aus seinem Lebensgrund heraus zu leben. Die innere Haltung, die diesem Leben aus dem Seelengrund entspricht, ist Demut, Gelassenheit, geistige Armut. Hier kommt Tauler seinem Lehrer Meister Eckehart sehr nahe.

Ein weiterer Dominikaner vollendet das »Dreigestirn der deutschen Mystik«: Heinrich Seuse Er lebte von etwa 1297 bis 1366 und entstammt einem alten Thurgauer Adelsgeschlecht, derer von Berg. Unter einfachen Lebensverhältnissen aufgewachsen, trat er mit 13 Jahren in den Orden der Dominikaner in Konstanz ein. 1323 wurde Seuse zum Studium Generale nach Köln entsandt. Hier wurde er begeisterter Schüler von Meister Eckehart und rechtfertigt seine Lehre. Auf dem Hintergrund der Verleumdungen, die Heinrich Seuse in seinem Leben immer wieder erfahren hatte, entwickelt er eine eigene Passionsmystik. Seine sehr emotionale Sprache ist von vielen Bildern geprägt. Ihm ist die Erfahrung der Liebe Gottes mitten im Leid wichtig. In Form eines Ritterromans erzählt er sein Leben, in dem Gott ihn zahlreiche Abenteuer erleben lässt, ihn in seinen Dienst nimmt und ihm immer wieder seine Liebe erweist. Damit will er den Lesern Mut machen, sich durch das Leid für die Liebe Gottes aufbrechen zu lassen, die mehr als alles andere unser Leben trägt.

Ähnlich wie Tauler meint Seuse, dass es das Leben ist, das uns für Gott öffnet. Es kann das Leid sein oder einfach der

»Ein gelassener Mensch soll nicht allezeit darauf achtsam sein, wessen er bedürfe, er soll darauf sehen, wessen er entbehren kann.« (Heinrich Seuse)

Alltag, der uns abverlangt, immer mehr das eigene Ego loszulassen und uns auf Gott einzulassen. Mystik ist nichts Weltfremdes, sondern der Weg, das alltägliche Leben in innerer Freiheit und Gelassenheit zu leben und sich von den täglichen Konflikten und Enttäuschungen immer mehr aufbrechen zu lassen für Gott und für den eigenen Seelengrund. Dann ist es nicht mehr so wichtig, was die Menschen von mir denken. Ich lebe aus meinem Grund, ich lebe meinem innersten Wesen gemäß, auch wenn das nicht von allen verstanden wird, die mich umgeben.

Mit Leib und Seele spüren – Gott und Sexualität?
Die Mystik der Frauen

Jeder Mensch sehnt sich danach, zu lieben und geliebt zu werden. Und jeder macht mit der Liebe seine Erfahrungen, erfüllende und enttäuschende. Er erlebt Verzauberung durch die Liebe, aber oft genug auch Verletzung. Im Grund sehnt sich der Mensch daher nach einer Liebe, die größer ist als die oft so wechselhafte zwischenmenschliche Liebe. Auf diese Sehnsucht nach einer Liebe, die unsere menschliche Liebe durchdringt und übersteigt, die göttlich ist und zugleich unsere menschlichen Gefühle in Bewegung bringt, nach einer ekstatischen Liebe, in der wir uns selbst übersteigen und in Gott hinein vergessen, antwortet die Liebesmystik, wie sie im Mittelalter vor allem von Frauen geübt und reflektiert wurde.

Neben den drei großen deutschen Mystikern Meister Eckhart, Johannes Tauler und Heinrich Seuse gab es eine große mystische Bewegung, die sich zeitgleich, aber auch vor und nach den Hochzeiten der Mystik dieser drei großen Meister ausbreitete. Sie entwickelte sich zunächst vor allem unter den Beginen, einer Frauengemeinschaft, die nicht den traditionellen

*Als **Beginen** bezeichnete man die Angehörigen einer Gemeinschaft christlicher Laien. Sie lebten in ordensähnlichen Hausgemeinschaften zusammen und hielten sich an die mönchischen Ideale von Armut, Keuschheit und Gehorsam. Teilweise galten sie in der Kirche als häretisch und waren daher der Inquisition ausgesetzt. Es waren Frauengemeinschaften (es gab auch einen männlichen Zweig, die Begarden), unter ihnen viele alleinstehende Frauen und Witwen aus allen Bevölkerungsschichten, die sich seit dem Beginn des 13. Jahrhunderts zusammengeschlossen hatten. Sie lebten vom Betteln oder von den Erträgen ihrer Handarbeit. Was sie anstrebten, war die Verwirklichung eines Lebens in der Nachfolge Christi. Sie legten jedoch nur ein Gelübde auf Zeit ab, daher war es ihnen möglich, auch wieder aus der Gemeinschaft auszutreten. Beginen widmeten sich vor allem den praktischen Lebensaufgaben: Krankenpflege, Betreuung Einsamer, Erziehung, aber auch Leichenwaschen oder Nähen. Daneben war ihr Leben vor allem von Gebet und Kontemplation bestimmt.*

Orden angehörte, sondern eigene Wege ging. Sie wurden teilweise von der Kirche angefeindet, weil man Angst hatte, sie könnten ihre eigene Theologie entwickeln und in ihren mystischen Erfahrungen unabhängig werden von der kirchlichen Hierarchie. Dorothee Sölle, eine der evangelischen Theologinnen des 20. Jahrhunderts, ist begeistert von den Beginen. Sie sieht in ihnen eine frauliche Rebellion gegen die Vorherrschaft der Männer in der Kirche, die zeigt, dass Mystik immer auch mit Widerstand verbunden ist. Die Beginen protestierten auf ihre Weise gegen den Ausschluss der Frauen von der Bildung. Sie lebten in freien Formen von Gemeinschaft, die der Kontrolle der Kirche entzogen waren. Neben der Sorge für den eigenen Lebensunterhalt widmeten sie sich auch der Bildung und befassten sich mit Mystik. Obwohl sie nicht an der Universität Theologie studieren konnten, hatten sie doch den

»Du sollst die Gefangenen losbinden und die Selbstherrlichen bändigen, du sollst die Kranken erquicken und selbst doch nichts besitzen, du sollst das Wasser der Pein trinken und das Feuer der Liebe mit dem Holz der Tugenden entzünden.« (Mechthild von Magdeburg)

Mut, ihre Erfahrungen zu beschreiben und daraus eine eigene Theologie der Mystik zu entwickeln (vergleiche Sölle, Mystik und Widerstand, Hamburg 1997, 212 ff.). Man könnte die Mystik der Frauen Liebesmystik nennen. Ihnen geht es weniger um den Grund der Seele, in dem sie sich eins wissen mit Gott, sondern um eine sehr emotional geprägte Liebesbeziehung zu Jesus Christus. Ihre mystischen Erfahrungen beschreiben sie in einer erotisch geprägten Sprache. Für sie bedeutet Mystik bzw. Gotteserfahrung, dass sie in der Liebe mit ihrem Bräutigam Jesus Christus eins werden. Sie beschreiben dieses Einswerden als Ekstase, als Versinken in seiner Liebe.

Ich möchte hier nur drei Frauen als Vertreterinnen dieser Liebesmystik nennen. Mechthild von Magdeburg lebte zwanzig Jahre als Begine in Magdeburg und musste sich dann wegen ihrer Kritik am Klerus in das Kloster Helfta zurückziehen. Bei ihr verbinden sich ihre mystische Erfahrung und ein

Mechthild von Magdeburg, *um 1207 bis etwa 1282, war eine der bedeutendsten Mystikerinnen Mitteleuropas. Vermutlich stammte sie aus adligem Haus und erhielt daher eine Schulbildung. Mit zwölf hatte sie ihr erstes mystisches Erlebnis. Als sie etwa zwanzig war, zog sie nach Magdeburg. Hier lebte sie über dreißig Jahre als Begine. Um 1250 begann sie über ihre mystischen Erfahrungen mit Gott zu schreiben. Mit ihrem Werk* Das fließende Licht der Gottheit *und ihrer Kritik am Ordensleben und der Kirche ihrer Zeit erregte sie Aufsehen, sodass die Inquisition auf sie aufmerksam wurde. Vermutlich deshalb hat sie die letzten Jahre ihres Lebens zurückgezogen im Zisterzienserkloster Helfta verbracht.*

tiefes Gespür für die Nöte der Zeit. Sie zieht sich nicht auf sich und ihre Erfahrung zurück, sondern tritt auch politisch in Erscheinung und erhebt kritisch ihre Stimme.

In ihrem Buch *Vom fließenden Licht der Gottheit* spricht sie in erotischen Bildern von der göttlichen Minne, also der Liebe: Gott sehnt sich danach, den Menschen zu lieben. Sie kann von Gott sagen: »Herr, du bist allzeit liebeskrank nach mir« (Rotter, 43). Durch die göttliche Liebe wird die menschliche Seele verwandelt. Sie wird nun fähig, Gott nach ihres »Herzens Lust« zu lieben und in dem geliebten Gott zu ruhen, ähnlich wie die Geliebte in den Armen des Geliebten ruht. Das Ziel der Minne ist es, eins zu werden mit dem Geliebten. Die Seele reagiert auf Gottes Liebe wie eine Braut, die sich auf den geliebten Bräutigam freut: »Sie erzittert und ward doch inniglich froh« (ebd. 59). Gott selbst bereitet der Seele ein Minnelager, auf dem sie ihre gegenseitige Liebe genießen können und miteinander eins werden: »Da geschieht eine selige Stille ... Er gibt sich ihr und sie gibt sich ihm« (ebd. 60f.).

Ähnlich wie Mechthild bedient sich auch die niederländische Mystikerin Hadewijch von Antwerpen der Sprache des Hoheliedes, um ihr Einswerden mit Gott zu beschreiben. Sie erzählt, wie sie am Pfingsttag während der Mette – also in der gemeinsamen Liturgie – eine Vision hatte, in der sie sich vor Liebe zu ihrem Geliebten verzehrte: »Diesmal tobte

Hadewijch von Antwerpen, *etwa 1220 bis 1260, war eine niederländische Mystikerin. Auch ihre Lebensdaten sind kaum rekonstruierbar. Wahrscheinlich gehörte sie keinem Konvent an. Mit gleichgesinnten Frauen lebte sie wohl teils in Beginenhöfen, teils alleine. Ihr wichtigstes Werk ist ein Visionsbuch, in dem sie in sprachgewaltiger Bildhaftigkeit und eigenen Wortschöpfungen in Anlehnung an die Visionen der Apokalypse des Johannes ihren mystischen Aufstieg beschreibt.*

das Liebesverlangen so gewaltig und schmerzlich in mir, dass meine Glieder einzeln zu brechen schienen und dass alle meine Nerven außerordentlich gespannt waren ... Danach kam er selbst zu mir: Er nahm mich ganz in seine Arme und drückte mich an sich. Mit all meinen Gliedern verspürte ich die volle Seligkeit seines Leibes nach der menschlichen Begierde meines Herzens« (Vekeman, 183 ff.). Hadewijch spricht hier von der leiblichen Erfahrung des Einswerdens mit Jesus Christus, dem Sohn Gottes. Die mystische Erfahrung berührt auch ihren Körper. Sie ist nicht nur etwas rein Geistiges, sondern bedient sich der erotischen Kraft und lässt so die göttliche Liebe in den Leib des Menschen eindringen und alle seine Bereiche durchdringen. Die mystische Erfahrung verwandelt den ganzen Menschen.

»*So empfängt der Liebende mit Liebe, in voller Lust des Schauens und des Hörens, in wechselseitigem Ineinanderaufgehen.*« *(Hadewijch von Antwerpen)*

Hadewijch erlebt die Liebe Gottes leibhaftig. Man spürt diesen Ausführungen an, dass hier die Sexualität nicht aus der Beziehung zu Gott ausgeklammert, sondern in sie integriert wurde. Für Hadewijch ist sie nicht etwas Verwerfliches, sondern etwas, das Gott uns gegeben hat, um in uns die Sehnsucht nach ihm zu wecken und um uns mit Leib und Seele mit ihm zu vereinen. Statt vor der Sexualität zu warnen oder sie zu verteufeln, wie dies damals in der Kirche vor allem seitens der zölibatären Kleriker üblich war, wagte es Hadewijch, in einer positiven Weise die Erfahrung mit ihrer Sexualität und ihrer sexuellen Sehnsucht umzugehen und sie als Bild für ihre Beziehung zu Jesus Christus zu verstehen. Zu solchen Schilderungen, die einfach dem eigenen Gespür vertrauten, brauchte es damals großen Mut.

Gertrud von Helfta, *1256 bis 1301, erfuhr im Zisterzienserinnenkloster in Helfta für eine Frau ihrer Zeit eine außergewöhnlich hohe Bildung. Mit fünfundzwanzig Jahren hatte sie eine erste Vision, in der sie sich von Christus in seine besondere Nachfolge gerufen fühlte. Weitere mystische Erlebnisse folgten. Als Mystikerin ist sie eine Zentralfigur der deutschen Frauenmystik. Trotz ihrer tiefen mystischen Spiritualität lebte sie nicht weltfremd und isoliert, sondern war für die Menschen in ihrer Nähe eine wichtige Ratgeberin und Seelsorgerin. Ihre Visionen und ihre spirituellen Ansichten legte sie in mehreren Werken dar.*

Gertrud von Helfta war wohl die gebildetste der großen Mystikerinnen von Helfta, dem Zisterzienserinnenkloster bei Magdeburg. Gertrud war hochbegabt. Schon mit fünf Jahren kam sie ins Kloster und erhielt dort eine umfassende wissenschaftliche und geistliche Ausbildung. Mit fünfundzwanzig Jahren, am 27. 1. 1281, erlebte Gertrud eine Krise ihrer wissenschaftlichen Bildung durch eine Christusvision. Danach wandte sie sich ausschließlich der Heiligen Schrift und den Kirchenvätern zu. Im *Gesandten der göttlichen Liebe* beschreibt sie ihre ekstatischen Begegnungen mit Christus. Ähnlich wie bei vielen ihrer Zeitgenossinnen findet sich auch bei ihr die sogenannte Brautmystik. Sie geht jedoch darüber hinaus: Neu ist bei ihr die Betonung des Herzens Jesu, das für sie höchstes Symbol für die menschgewordene Liebe Gottes ist. Im Herzen Jesu wendet sich Gottes Liebe dem Menschen zu und bekommt ein menschliches Antlitz. Dort wird sie für den Menschen erfahrbar. Auf der Seite des Menschen entspricht der Liebe Gottes eine Liebe, die bereit ist, auch Leiden auf sich zu nehmen. So wie in der Passion Jesu Gottes Liebe am deutlichsten erfahrbar wird für uns Menschen, so können wir Gott unsere Liebe kaum intensiver zeigen als in der Bereitschaft, das Leid, das uns trifft, auf uns zu nehmen und es in einen Akt der liebenden Hingabe zu verwandeln.

»Selig der Mund, der kostet, o Gott-Liebe, deine trostreichen Worte,
süßer als Honig und Honigwabe. O wann, wann wird erfüllt werden
meine Seele mit deiner Gottheit nährendem Fett, und trunken wer-
den durch die reiche Fülle deiner Lust?« (Gertrud von Helfta)

In ihren Visionen bedeutet ihr Christus, sie solle auf Maria
schauen. In ihr erkenne sie das Geheimnis ihrer mystischen
Erfahrung. So schreibt Gertrud von Maria als der *Rosa mystica*.
Maria wird für sie zum Vorbild der Mystikerin. Wie sie sollen
auch wir von Gottes Wort schwanger werden, damit es sich in
uns hinein gebiert.

Die Frauen, die ihre mystischen Erfahrungen der Liebe Jesu
Christi in einer erotisch geprägten Sprache beschrieben
haben, antworten damit – auch wenn uns ihre Sprache manchmal fremd erscheint – unserer heutigen Sehnsucht nach einer
neuen Sicht von Eros und Sexualität. Zwischen der Verteufe-
lung der Sexualität in manchen christlichen Kreisen einerseits
und der Verherrlichung und Vermarktung in den Medien andererseits sehnen sich die Menschen danach, die Sexualität in ihr
Menschsein und in ihre Spiritualität zu integrieren. Sie ahnen,
dass Sexualität mit dem Geheimnis zu tun hat, mit Transzendenz und Ekstase: In ihr übersteigen wir uns selbst, vergessen wir uns selbst, um mit dem anderen eins zu werden. Alles,
was wir hier erfahren und erahnen, vollendet sich letztlich in
dem Aus-sich-herausgerissen-Werden durch eine Liebe, die
auch unser Menschsein übersteigt. Nur wenn unsere Sexualität in unsere Menschlichkeit und Spiritualität integriert wird,
kann sie auch zum Menschen hin in angemessener Weise gelebt werden. Die Mystikerinnen haben die Spaltung zwischen
Sexualität und Spiritualität überwunden. Sie zeigen uns einen
Weg, die Sehnsucht, die in unserer Sexualität steckt, über die
Begierde zu einem Menschen hinauszuführen und sie letztlich

im Einswerden mit Gott oder – wie sie es häufig ausdrücken – mit dem Bräutigam Jesus Christus zu erfüllen.

Kann ich mit Gott befreundet sein?
Teresa von Ávila, Johannes vom Kreuz

Die spanische Mystik des 16. Jahrhundert war vor allem von zwei der bekanntesten Mystiker überhaupt geprägt: Teresa von Ávila und Johannes vom Kreuz, die miteinander befreundet waren. Ich kann hier nicht all ihre tiefen Einsichten und ihre Theologie der mystischen Erfahrung entfalten. Theologen haben zahlreiche Versuche unternommen, ihre Schriften zu interpretieren, aber wir kommen wohl nie damit zu Ende, den Reichtum, der in ihren Büchern steckt, für uns zu heben. Ich möchte mich daher auf eines ihrer Themen beschränken: die Freundschaft.

Für Teresa war bei all ihrer mystischen Erfahrung der Liebe Gottes und der Liebe Jesu Christi doch immer wieder auf die Freundschaft mit Schwestern und Brüdern angewiesen. Ihre Beichtväter hatten nicht nur die Aufgabe, sie zu führen. Sie suchte auch die Freundschaft mit ihnen, vor allem mit Gratian. Nach dem Tod Teresas wurde ihm diese Freundschaft von den Menschen in seiner Umgebung vorgeworfen. Sie ließ ihn das deutlich spüren. Teresas innere Wesensverwandtschaft zu Johannes vom Kreuz war nicht nur rein spiritueller Natur. Sie nahm in ihrer Freundschaft mit Johannes und Gratian immer auch die erotische Dimension wahr und ließ sich davon befruchten für ihre Freundschaft mit Jesus Christus. Sie fasste auch ihre Beziehung zu Gott als Freundschaft auf. Das Beten erfuhr sie als Sprechen mit Gott wie mit einem Freund. In der Beziehung zu Gott wird die Freundschaft, die sie zu Männern und Frauen erfahren hat, in ihrer tiefsten Bedeutung sichtbar.

Teresa von Ávila, *1515 bis 1582, stammte aus adligem Haus, war Karmelitin, Mystikerin und Kirchenlehrerin. Zweimal trat sie in Ávila ins Kloster ein, beide Male wurde sie anschließend ernsthaft krank. Beim zweiten Mal ruinierte ein Besuch bei einer Ärztin daraufhin ihre Gesundheit völlig, sie wurde bewegungslos, was sich erst nach drei Jahren langsam wieder änderte. Dennoch fühlte sie sich zerrissen und weder im Kloster noch in der Welt wirklich zu Hause. 1554 sah sie eine Darstellung des leidenden Christus, was sie so berührte, dass sie ihre endgültige Bekehrung erlebte. Künftig wollte sie nur noch in Christus leben. Nach vielen Widerständen erhielt sie schließlich von Papst Pius IV. die Erlaubnis, in Ávila ein eigenes Kloster zu gründen. Ihren Orden nannte man die Unbeschuhten Karmelitinnen. Der ersten folgten noch weitere Klostergründungen, insgesamt 32. Sie starb auf einer ihrer zahlreichen Reisen im Kloster von Alba de Tormes.*

Gott wird zum Freund, der ihre Sehnsucht nach Freundschaft stillt, Jesus ihr Freund, dem sie alles sagen kann und der sie auf ihren Wegen begleitet.

Teresa von Ávila beschreibt auch ihren eigenen spirituellen Weg. Dabei ist es ihr wichtig, vom äußeren zum inneren Gebet zu gelangen, vom aktiven zum passiven und vom diskursiven Gebet, das über die Worte der Heiligen Schrift nachdenkt, zum kontemplativen Gebet, das die Worte ins Herz eindringen lässt und es mit Liebe erfüllt. Ihr geht es vor allem um die Liebe Gottes zu uns, in die wir uns hineingeben dürfen. Aber auf diese Liebe sollen wir antworten: »Will man auf diesem Weg (des Gebetes) gut vorankommen, geht es nicht darum, viel zu denken, sondern viel zu lieben« (Hinricher, Lexikon Spir 698).

»Nichts soll dich ängstigen, nichts dich erschrecken. Wer Gott hat, dem wird nichts fehlen. Gott allein genügt.« (Teresa von Ávila)

Diese Liebe Gottes wird konkret in Jesus Christus. Daher ist die persönliche Beziehung zu ihm der Ort, an dem Teresa immer tiefer hineinwächst in die Liebe, die sie mit Gott vereint. Sie bindet ihre Mystik an die Heilige Schrift. Die beiden wichtigsten Worte ihrer Mystik sind daher Worte der Bibel: »Nicht mehr ich lebe, sondern Christus lebt in mir« (Galater 2,20) und »Ich bin in meinem Vater, ihr seid in mir, und ich bin in euch« (Johannes 14,20). Teresa beschreibt – ähnlich wie der heilige Augustinus – ihre Erfahrungen im Gebet auf eine sehr persönliche Weise. Sie ist an der psychologischen Dimension dieser Erfahrung interessiert, das heißt, sie möchte wissen, welche psychischen Wirkungen das Gebet auf die Seele des Menschen hat.

Teresa beschreibt die verschiedenen Wohnungen der Seele. Das Ziel des mystischen Weges ist, in der innersten Kammer, der »Seelenburg« zu wohnen. Dort wird die Seele eins mit Gott, und aus dieser Einheit mit Gott kann sie niemand mehr herausreißen.

Zeichnen sich die Schriften Teresas gerade durch ihre persönliche Note aus, bei der auch ihr Humor immer wieder aufscheint, so verfügt Johannes vom Kreuz zum einen über eine hohe theologische Bildung, zum anderen über die Fähigkeit, mystische Erfahrungen in poetischer Sprache zu beschreiben. Seine Gedichte gehören zu den Perlen spanischer Literatur. Das Ziel des mystischen Weges ist seiner Ansicht nach, dass sich der Mensch von Gott immer mehr umformen lässt.

Johannes vom Kreuz spricht vom Teilhaben an Gott. Das macht die Menschen zu Göttern. Er greift also hier die Aussage der Kirchenväter von der Vergöttlichung des Menschen auf. Doch der Weg zum Einswerden mit Gott führt durch die dunkle Nacht. In dieser dunklen Nacht der Sinne und des Geistes wird der Mensch immer mehr geläutert, damit

Johannes vom Kreuz, *1542 bis 1591, stammte aus verarmtem Adel. 1563 trat er in den Karmeliterorden ein und studierte Theologie und Philosophie in Salamanca. Ähnlich wie Teresa von Ávila war ihm die Ordnung im Karmeliterorden nicht streng genug, und zusammen mit ihr trieb er die Ordenserneuerung weiter, sodass er am Ende dem männlichen Zweig der »Unbeschuhten Karmelitern« als Prior vorstand. Sein wohl bekanntestes Gedicht ist* Die dunkle Nacht der Seele, *in dem er von seiner Vereinigung mit Gott im Erleben seiner Passion und Auferstehung erzählt. Er gilt als der wichtigste Kirchenlehrer der mystischen Theologie und seine Schriften als eines der umfassendsten Werke der Mystik.*

er seine eigenen Sehnsüchte und Bilder nicht mit Gott verwechselt. Was ihn in der dunklen Nacht dennoch antreibt weiterzugehen, ist die Liebe, die ihn letztlich umformt. Sie muss aber geläutert werden. Ein Mittel dazu ist die Askese, die den Menschen von allen Anhänglichkeiten an das Irdische befreien soll, damit nur noch Gott im Mittelpunkt steht. Auch für Johannes bildet die Freundschaft zu Jesus Christus den Mittelpunkt seiner Mystik. Das Ziel des geistlichen Lebens ist, sich immer mehr in die Worte und Taten Jesu hinein zu meditieren, um seine Liebe darin zu spüren und von seiner Liebe verwandelt zu werden. Verwandlung heißt: Angleichung an den Geliebten, Hineingeformtwerden in die Gestalt Jesu Christi. So geben Teresa von Ávila und Johannes vom Kreuz mit ihrer Mystik Antwort auf unsere Sehnsucht nach einer Freundschaft, die unserem Leben eine neue Qualität gibt.

»Hat die Seele das Gewand der Dürftigkeit, der Trockenheit und Hilflosigkeit angezogen, dann besitzt sie, nachdem ihre früheren Erleuchtungen sie in Dunkel gehüllt haben, jene erhabene und notwendige Tugend der Selbsterkenntnis.« (Johannes vom Kreuz)

Auch heute wollen viele Menschen sich nicht mehr mit einer Freundschaft zufriedengeben, die nur dazu da ist, beruflich weiterzukommen oder gute gesellschaftliche Verbindungen aufzubauen. Sie sehnen sich nach dem, was Freundschaft ausmacht: sich verstanden fühlen, einander treu sein, sich füreinander einsetzen. Die Griechen sahen das höchste Ziel der Freundschaft sogar darin, für den anderen sein Leben hinzugeben. Auf diese Sehnsucht hat Jesus im Johannesevangelium geantwortet, wenn er von seinem Tod sagt: »Es gibt keine größere Liebe, als wenn einer sein Leben hingibt für seine Freunde« (Johannes 15,13). Die Freundschaft mit Jesus Christus, der für uns sein Leben hingegeben hat, führt uns sogar noch weiter: dorthin, dass wir auch Gottesfreunde sein dürfen. »Gottesfreunde« nannten sich die mystischen Kreise, mit denen Klaus von der Flüe, ein bekannter Schweizer Eremit des 15. Jahrhunderts, Kontakt hatte. Sie sprachen damals viele suchende Menschen an. Teresa von Ávila und Johannes vom Kreuz haben auf diese Sehnsucht geantwortet, nicht nur durch ihre persönliche Freundschaft, sondern indem sie unsere Beziehung zu Gott und zu Jesus Christus ebenfalls als Freundschaft verstanden haben.

Sich selbst lassen und Ruhe finden in Gott
Die französische Mystik

Nach der spanischen Mystik hatte die französische Mystik im 17. und 18. Jahrhundert ihre Blütezeit. Sie antwortete in ihrer besonderen Ausprägung vor allem auf die Sehnsucht des Menschen nach Ruhe. Offensichtlich waren schon damals die Zeiten ruhelos, nicht erst heute. Die Menschen wollten im Gebet zur Ruhe finden. Das Gebet sollte nicht nur das Herunterleiern von Texten sein oder die Einhaltung von Gebets- oder

Meditationstechniken, sondern die Möglichkeit bieten, zur völligen Ruhe zu kommen, einer Ruhe, in der man nichts mehr will, in der man sich selbst nicht mehr dabei beobachtet, wie hoch man auf der spirituellen Stufenleiter schon gestiegen ist.

Selbstvergessen in Gott

Ein erster Vertreter dieser Art von Mystik war Franz von Sales, der von 1567 bis 1622 lebte. Nach dem Willen seines Vaters sollte er Diplomat werden, aber am Ende seines Jurastudiums wurde er gegen dessen Willen Priester. Seinen ersten Arbeitsauftrag, die Rekatholisierung von Chablais in der Schweiz, das calvinistisch geworden war, erledigte er so erfolgreich, dass der Bischof ihn zu seiner rechten Hand machte und er 1602 nach dessen Tod sein Nachfolger als Bischof von Genf wurde. Franz predigte und schrieb nicht nur, er lebte seine Überzeugung auch. Daher vertrauten ihm die Menschen. 1610 gründete er zusammen mit Madame de Chantal den Orden der »Heimsuchung Mariens«, die Salesianerinnen. Einerseits war dieser Orden sehr kontemplativ geprägt, andererseits aber auch gerade auf das Tun, die gelebte Nächstenliebe ausgerichtet.

Franz unterwies seine Leser im Gebet, das zur liebenden Kontemplation und Vereinigung mit Gott führen sollte. Das Ziel des Gebetes war, die Liebe Gottes, die uns in Jesus Christus entgegengekommen ist, im Herzen wachzurufen und groß werden zu lassen. Ihm ging es um ein affektives Gebet, das allen Menschen zugänglich sein sollte und nicht nur religiös besonders begabten Menschen. Franz von Sales spricht – ähnlich wie Teresa von Ávila – vom Gebet der Ruhe. Er führte

»Man soll den Nächsten lieben, weil Gott in ihm ist, oder damit Er in sein Herz einkehre.« (Franz von Sales)

die Menschen mit großer Milde und ohne sie zu bewerten zu einem vertrauensvollen Beten, das zum Ziel hat, in Gott all seine eigenen Selbstvorwürfe loszulassen, seine Selbstbewertung zu lassen, in ihm auszuruhen, um sich in Gott selbst zu vergessen.

Völlige Hingabe an Gott: Quietismus

Dieses Gebet der Ruhe, in dem man mit Gott eins wird, stand im Mittelpunkt der französischen Mystik. Betont wurden dabei die völlige Passivität der menschlichen Seele und ihre ebenso völlige Hingabe an Gott. Manche Vertreter dieser Strömung meinten daher, in der völligen Ruhe werde man allem menschlichen Tun gegenüber gleichgültig, sodass man auch für seine Handlungen, vor allem die unmoralischen, nicht verantwortlich sei. Das führte dazu, dass die kirchliche Autorität in Rom argwöhnisch auf diese Bewegung sah, weil man dort Angst hatte, dieser sogenannte Quietismus würde zum Amoralismus und zur Indifferenz gegenüber den Ansprüchen der Kirche führen. Verdächtigt wurden dann aber auch Anhänger der

Quietismus, *von lateinisch* quies = Ruhe, *meint eine Form christlicher, vor allem katholischer Mystik, deren Kernaussage darin besteht, dass der Mensch sein Ich völlig aufgeben und an Gott übergeben muss, um in völliger Ruhe und völligem Gleichmut zu leben. Erreicht wird dies durch das innere Gebet in der Schau Gottes. Auf dem Weg dorthin ist die äußere religiöse Praxis wie Askese, mündliches Gebet oder der Empfang der Sakramente eher hinderlich und wird daher von den Quietisten abgelehnt, einige Strömungen innerhalb des Quietismus leugneten sogar die Bedeutung des Tugendstrebens und des Kampfes gegen die Sünde. Verbreitung fand der Quietismus im 17. Jahrhundert vor allem in Frankreich, Spanien und Italien.*

mystischen Bewegung, die diese häretische Meinung nicht vertraten. 1687 wurde daher der spanische Theologe Miguel de Molinos verurteilt, 1699 die französische Mystikerin Madame Guyon.

Madame Guyon hatte sich nach dem Tod ihres Mannes ganz dem Gebet gewidmet und ihre Erfahrungen und Erkenntnisse in Vorträgen und Schriften verbreitet. Ihre Gedanken fanden große Beachtung im Volk, aber auch am französischen Hof. Erzbischof Fenelon von Cambrai unterstützte Madame Guyon. Er sprach von der reinen Liebe, »einer Liebe, mit der die Seele Gott ganz und gar um seiner selbst willen ohne eigensüchtige Hoffnung auf Lohn oder Glückhaftigkeit liebt« (Louth, TRE 574). Die Verbreitung ihrer Schriften führte aber zu einem heftigen Streit innerhalb der französischen Kirche, in dem sich Bischof Bossuet von Meaux gegen Madame Guyon und den Erzbischof Fenelon stellte und deren Verurteilung bewirkte. Das hatte zur Folge, dass man innerhalb der Gesamtkirche gegenüber dem kontemplativen Gebet und der Mystik allgemein sehr argwöhnisch wurde. Ein Kirchenhistoriker meinte, damit sei die Kirche mehr und mehr von ihrer spirituellen Kompetenz abgerückt und zur moralischen Verbesserungsanstalt abgestiegen. Diese Verurteilung der Mystik in Frankreich hat sich bis ins 20. Jahrhundert ausgewirkt, denn noch bis in diese Zeit war es in Klöstern verboten, die Schriften der Mystiker zu lesen.

Madame Guyon hatte großen Einfluss auf die protestantische Bewegung des Pietismus. So wurde sie – obwohl von weiten Kreisen der Kirche unverstanden – zur Vorreiterin des Ökumenismus. Sie hat mit der Kirche nie gebrochen, auch wenn sie ihre letzten Lebensjahre in äußerster Armut verbrachte und von der kirchlichen Autorität angegriffen wurde. Sie vertraute ihrem eigenen Gespür. Ihre Erfahrung des Betens, das zur inneren Ruhe in Gott führt, in dem man das eigene

Streben loslässt und sich ohne egozentrisches Kreisen um sich selbst, ohne ständige Selbstbeobachtung in Gott vergisst, um so an der Sabbatruhe Gottes teilzuhaben, hat sich durchgesetzt und die Menschen seitdem immer wieder berührt.

Gott erfahren in mir und im anderen
Die protestantische Mystik

Protestantische Theologie

Die protestantische Theologie war der Mystik gegenüber immer skeptisch eingestellt, da sie die Betonung der inneren Erfahrung Gottes für unvereinbar mit der Botschaft von der Erlösung durch Jesus Christus hielt. Der große Theologiehistoriker Adolf von Harnack (1851 bis 1930) hat dieses negative Urteil über Mystik weitgehend bestimmt. Er war der Ansicht, sie verderbe den Glauben an die Rechtfertigung. Die dialektische Theologie hat die Mystik ebenso abgelehnt. Seit 1924 das Werk von Emil Brunner *Die Mystik und das Wort* erschien, sprach man in der protestantischen Theologie nur noch verächtlich von Mystik und setzte dagegen das Wort Gottes. Mystik wurde als Weg der Selbsterlösung gebrandmarkt.

Paul Tillich, Ernst Troeltsch und Albert Schweitzer standen dem Phänomen der Mystik auf protestantischer Seite weniger ablehnend gegenüber. Albert Schweitzer hat in seinem Werk *Die Mystik des Apostels Paulus* dargelegt, »warum Mystik ein wesentliches Element im frühen Christentum war« (McGinn 391). Die anglikanischen Theologen in England waren offener für die Mystik als die deutschen protestantischen Theologen. Bekannt geworden ist hier vor allem das Buch von Evelyn Underhill, *Mystik*, das 1911 erstmals und in den darauffolgenden Jahren in vielen Auflagen erschien.

Auch wenn der Protestantismus also grundsätzlich eher skeptisch gegenüber jeder Form von Mystik ist, gibt es doch auch
hier mystische Strömungen. Zu nennen ist dabei vor allem
der Pietismus. Entstanden ist er aus einem Unbehagen gegenüber der lutherischen Orthodoxie und der Überbetonung
des Wortes der Schrift. Im Pietismus ging es um die Verwirklichung des christlichen Lebens, das heißt um eine ganz-
heitliche Frömmigkeit, vor allem aber auch um eine gefühls-
mäßige Beziehung zu Jesus Christus. Ein wichtiger Aspekt
dabei war die Erfahrung von Erlösung und die Erfahrung
Gottes. Der Pietismus als Strömung entstand schon kurz nach
1600, ausgestaltet und entfaltet wurde er aber von Philipp
Jakob Spener (1635 bis 1705), der seit 1670 sogenannte *Collegia
pietatis*, Hauskreise zur Vertiefung der Frömmigkeit, veran-
staltete. Zentrum wurde die 1692 neu gegründete Universität
Halle, vor allem durch das Wirken August Hermann Franckes
(1663 bis 1727). Die pietistische Sprache ist sehr emotional und geprägt von Zusammensetzungen mit den Wörtern
Herz, Liebe, Seele und Gnade. Da spricht man vom Seelen-
heil, vom Herzensgott, vom Seelenbräutigam, vom Gnaden-
schein. Da ist die Rede von der »Freuden Fülle« und vom
»Lauf der heißen Tränen«, vom »Seufzer deiner Seelen« (Paul
Gerhardt). Wir empfinden das heute oft als überschwänglich,
doch damals sprach das die Menschen in ihrer Sehnsucht nach
einer emotionalen Beziehung zu Gott an, die auch die Gefühle des Menschen bewegt, die den ganzen Menschen durchdringt.

Aus der pietistischen Tradition stammt einer der größten
Mystiker des Protestantismus: Gerhard Tersteegen (1697 bis
1769). Er übersetzte mystische Texte katholischer Mystikerinnen und Mystiker und veröffentlichte auch Schriften von

Pietismus, *von lateinisch* Pietas, Frömmigkeit, *bezeichnet eine im 17. Jahrhundert einsetzende Bewegung innerhalb des Protestantismus, deren Ziel die geistliche Erneuerung der Kirche war. Gegen den rein an der Lehre und dem Wort orientierten Protestantismus wollte der Pietismus ein Christentum, das auf der Basis der Bibel praktisch ausgerichtet ist. Grundlage dazu war das Bibelstudium und ein persönliches Bekehrungserlebnis, der eigene Glaube sollte sich in lebendiger Frömmigkeit und gelebter Nächstenliebe äußern. Die Bezeichnung der Anhänger als Pietisten (»Frömmler«) war eher ein Spottname. Neben den innerkirchlichen Strömungen gab es auch radikale Gruppen von Pietisten, die sich als sektenartige Vereinigungen von der offiziellen Kirche distanzierten. Der Pietismus prägte im 18. Jahrhundert nachhaltig die gesellschaftliche, politische und pädagogische Entwicklung in Deutschland. Auch heute gibt es noch starke pietistische Strömungen innerhalb des Protestantismus. Dabei sind die Übergänge zum Sektenhaften oft fließend.*

Madame Guyon. Ihm war die heilvolle Gegenwart Gottes im Herzen des Einzelnen wichtig. Diese wollte er auch seinen vielen Lesern nahebringen. Er versuchte, seine Erfahrung in dichterischer Weise auszudrücken. Zahlreiche Lieder aus seiner Feder wollten die Menschen in ihr Inneres führen, damit sie dort Gott erfahren. Die äußere Gemeinschaft der Kirche war ihm nicht so wichtig. Entscheidend war für ihn die innere Verbindung der einzelnen Seele mit Gott und mit Jesus Christus. Im 19. Jahrhundert wurden seine Lieder in die kirchlichen Gesangbücher übernommen. So hielt seine Mystik Einzug in die evangelische Kirche.

> *»Schließ die Augen sachte zu, was nicht Gott ist, dir entfalle; schweig dem Herrn und halt ihm still, dass er wirke, was er will!« (Gerhard Tersteegen)*

Wie bei jeder mystischen Bewegung gab es auch im Pietismus einige Gemeinschaften oder Vertreter dieser Strömung, die das Ganze bis ins Extrem trieben und übertrieben. So lehnten einige jede Interpretation der Bibel ab oder wandten sich vollkommen gegen die Methoden der Aufklärung und der Vernunft. Manchmal führte dies auch zu einer rigoristischen Ethik. Doch nach wie vor hat die pietistische Strömung ihre Aufgabe. Sie ist eine Herausforderung an unsere Spiritualität, den ganzen Menschen zu berücksichtigen, nicht nur den Verstand anzusprechen, sondern auch das Gefühl. Denn im Herzen geschieht die eigentliche Beziehung zu Gott, hier berührt er uns.

Gott finden in Natur und Kosmos
Jakob Böhme, Pierre Teilhard de Chardin

Der Pietismus hat sich immer wieder auf die Schriften des Görlitzer Schuhmachers und Mystikers Jakob Böhme berufen. Allerdings griff er nur einige Aspekte seiner Mystik auf. Jakob Böhme war schon zu seinen Lebzeiten sehr umstritten, doch er selbst verstand sich und seine Mystik ganz und gar dem reformatorischen Anliegen Martin Luthers verpflichtet. Im Mittelpunkt standen die Bibel und ihre mystische Auslegung. Man hat Böhme als einen christlichen Gnostiker bezeichnet, dem es darum ging, immer tiefer in das Geheimnis Gottes und des Menschen einzudringen. Dabei ist ihm die Offenbarung Gottes, seiner Schönheit und Liebe in der Natur ein wichtiges Anliegen. Jakob Böhme berief sich auf die Schriften des Arztes und Naturphilosophen Paracelsus (1493 bis 1541), der vom Licht der Natur und vom Licht des Geistes sprach. Für Böhme ist Gott der Urgrund allen Seins. Gerade in der Natur dürfen wir Gott in seiner Schönheit und Kraft, aber auch in seiner Liebe zu den Menschen erkennen. Jacob Böhme sieht Gott, Kosmos und den Menschen zusammen, ohne einem Pantheismus zu verfallen, das heißt, ohne dass er Gott mit seiner Schöpfung gleichsetzt, also Gott Kosmos und Mensch *ist*. Böhme bleibt auf dem Boden lutherischer Theologie, traut aber zugleich seiner eigenen Intuition. Er bezieht sich jedoch nicht nur auf die Bibel, sondern auch auf das Buch der Weisheit, das Gott uns in der Schöpfung geschenkt hat: »Du wirst kein Buch finden, da du die göttliche Weisheit könntest mehr inne finden zu forschen, als wenn du auf eine blühende Wiese gehest; da wirst du die wunderliche Kraft Gottes riechen und schmecken« (Böhme 23).

Jakob Böhme beeinflusste mit seinen Schriften nicht nur den Pietismus, sondern auch viele Dichter von Goethe bis Rilke und vor allem die Bewegung der Romantik. Ludwig Tieck und Novalis stehen in seinem Kraftfeld. Heute wird Jakob Böhme von der Mystikforschung neu entdeckt, aber

Jakob Böhme, *1575 bis 1624, ließ sich 1599 in Görlitz als Schuhmacher nieder. In den folgenden Jahren machte er mystische Erfahrungen, über die er aber zunächst schwieg. 1612 schrieb er das Buch* Morgenrot, *das später unter seinem lateinischen Titel* Aurora *bekannt wurde. Er gab sein Werk nur einigen Freunden zu lesen, trotzdem fand es weite Verbreitung. So bekam es auch der damalige Hauptpastor der Görlitzer Kirche, Gregor Richter, in die Hände, woraufhin er Böhme der Häresie bezichtigte. Böhme wurde verhaftet, und man verbot ihm das Schreiben. 1618 brach er sein Schweigen, er begann wieder zu schreiben, was ihm wiederum eine Anklage einbrachte. Da aber Pastor Richter starb, bevor es zur Verhandlung kam, blieb ihm das erspart. Noch kurz vor seinem Tod musste er jedoch ein Kreuzverhör über sich ergehen lassen, bevor er die letzte Ölung bekam. Ein christliches Begräbnis wurde ihm dennoch verweigert.*

»Du wirst kein Buch finden, da du die göttliche Weisheit könntest mehr inne finden zu forschen, als wenn du auf eine blühende Wiese gehest; da wirst du die wunderliche Kraft Gottes riechen und schmecken.« (*Jakob Böhme*)

auch andere Strömungen wie die Esoterik oder die Theosophie interessieren sich für ihn. Auch wenn sein Werk viele Aspekte philosophischer und theologischer Spekulation über Gott und Natur, über die Bibel und die Erneuerung des Menschen berührt, möchte ich mich hier auf seine Naturmystik als besonderen Gesichtspunkt seiner Mystik beschränken.

Böhme fand eine Antwort auf eine Ursehnsucht des Menschen, denn er zeigte, dass die Erfahrung der Natur nicht als bloße Schwärmerei zu verstehen ist, sondern als Ahnung vom Geheimnis der göttlichen Gegenwart, die die gesamte Natur durchdringt. Gott spricht sich in der Schöpfung aus: »Die innere Welt ist der Himmel, darinnen Gott wohnet, und die äußere Welt ist aus der inneren ausgesprochen und hat nur einen andern Anfang als die innere, aber doch aus der innern. Sie ist aus der innern durch Bewegung des ewigsprechenden Worts ausgesprochen und in einen Anfang und Ende gesetzet« (Böhme 65). Viele, denen die christlichen Gedanken fremd waren und sind, können sich aber auf die Erfahrung der Natur einlassen und damit auch auf das göttliche Geheimnis, das dort erlebbar wird. Böhme sieht im Baum das Geheimnis des Vaters. Wenn er ein Stück Erde aufhebt, erkennt er darin dessen Antlitz, wie er sich in die äußere Welt hinein aushaucht. Gott bleibt das Geheimnis, über das wir nicht verfügen können, aber er hat seine Freude daran, aus seiner Verborgenheit herauszutreten und sich im Spiegel der Schöpfung anschauen zu lassen. In der Natur spricht Gott durch eine Art »Natursprache«, durch die Form, die Farbe und Beschaffenheit der Dinge zu den Menschen. Die sichtbare Gestalt ist ein Spiegel

Pierre Teilhard de Chardin, *1881 bis 1955, war Jesuit und studierte neben Theologie Geologie und Paläontologie in Paris. Er sah kritisch auf die traditionelle Lehre von der Erbsünde und verteidigte gegen die offizielle Lehrmeinung der Kirche die Lehren der Evolutionstheorie. Unter anderem deshalb musste er seine Lehrtätigkeit, 1926 auch seine Professur aufgeben. Zudem erhielt er Publikationsverbot. Teilhards Anliegen war es, Religion und Naturwissenschaft nicht als Gegensätze zu sehen, sondern als ein Ganzes. Er war der Ansicht, dass die Verkündigung der Kirche und die Frömmigkeit an ein neues evolutionäres Weltbild angepasst werden müssten. Das führte dazu, dass seine Bücher erst nach seinem Tod veröffentlicht werden konnten und die Kirche noch bis 1962 vor seinen »schweren Irrtümern« warnte. Erst mit dem 2. Vatikanischen Konzil öffnete sich die Kirche so weit, dass man sein Werk zu lesen und zu diskutieren begann.*

für die unsichtbare Wesenheit Gottes. In allen Dingen ist uns der verborgene Gott nahe.

Im 20. Jahrhundert äußerte Pierre Teilhard de Chardin ähnliche Gedanken. Auch für ihn war die Natur der Ort, an dem er Gott erfahren hat. Er spricht von der Spiritualisation der Materie. Alle Materie ist vom Geist Gottes, von seiner Liebe durchdrungen. Für ihn ist Christus das Zentrum der Schöpfung. Ihr Ziel ist die Amorisation, die völlige Durchdringung des gesamten Kosmos von der Liebe Christi. Die Materie ist für ihn das göttliche Milieu, in dem er sich bewegt und Gottes Nähe und Liebe erfährt. Teilhard verbindet die Schöpfung mit der Inkarnation, das heißt: Durch die Fleischwerdung des göttlichen Wortes im Menschen Jesus ist die ganze Schöpfung berührt worden. Jetzt ist nichts mehr profan. Alles ist voll von Gott und Gottes Liebe. Im Herzen der Materie erkennt er das Herz Gottes, das sich auch im Herzen Jesu zeigt und am Kreuz für uns alle offensteht. Aus ihm heraus strömt Gottes

»In mein Streben zu Gott mischt sich eine große Liebe zur Erde und ihrem greifbaren Werden, und mir scheint, diese beiden Leidenschaften müssen sich verbinden.« (Pierre Teilhard de Chardin)

menschgewordene Liebe hinein in den ganzen Kosmos. Pierre Teilhard de Chardin verbindet seine Naturmystik mit der Evolutionstheorie. Für ihn ist der Zielpunkt der Evolution Christus, das Omega, und damit die immer tiefere Durchdringung der Welt durch Christus, sozusagen ihre Christifizierung.

Beide, Jakob Böhme und Pierre Teilhard de Chardin, zeigen all den Menschen, die heute vor allem in der Natur nach Gott suchen, einen Weg zu einer tiefen mystischen Erfahrung Gottes. Wenn wir also die Schöpfung, den Kosmos betrachten, dann werden wir darin das Antlitz des Vaters (Jakob Böhme) und die Liebe Jesu Christi (Pierre Teilhard de Chardin) erkennen. Es kommt nur darauf an, dass wir die Natur nicht beschränken auf das rein Sichtbare und dass wir Gott nicht mit ihr identifizieren. Gott zeigt sich in der Natur, aber er übersteigt sie zugleich als das unbegreifliche Geheimnis. In der Natur erfahren wir nicht nur das Geheimnis des mütterlichen Gottes, der uns in seinen Händen trägt, der uns – ähnlich wie eine Mutter – nicht bewertet, sondern nährt und pflegt, sondern wir erfahren auch uns selbst in neuer Weise. Wir spüren, dass das Leben, das in der Natur aufblüht, auch in uns ist. Wir sind voll von Gottes Geist, von Gottes Liebe, die uns auch in der Natur entgegenströmt. Christliche Mystik darf nicht an der Natur vorübergehen, denn wie schon Bernhard von Clairvaux sagt: Die Natur ist das Buch, in dem wir die Weisheit Gottes lesen und in dem wir seiner Liebe begegnen.

Gott finden in allen Dingen – Mystik des Alltags
Karl Rahner

Viele denken bei Mystik nur an besondere mystische Erlebnisse oder meinen, mystische Erfahrungen seien nur in der Abgeschiedenheit und in der Stille möglich. Die Frage ist aber, wie wir mitten im Alltag Mystiker sein können. Für viele ist es nicht möglich, sich in die Einsamkeit und Stille zurückzuziehen. Sie stehen mitten im Leben und fragen sich, wie sie dort Gott erfahren können. Auf diese Sehnsucht, mitten im Alltag Gott zu erfahren, antwortet Karl Rahner mit seinem Verständnis von Mystik. Er zeigt uns Wege, wie wir mitten in den Konflikten des Alltags, in der Begegnung mit Menschen, in der Treue zu den täglichen Verpflichtungen, in der hingebungsvollen Arbeit Gott erfahren können. Er bindet die Mystik an den Alltag. Gott ist mitten in unserem Alltag zu finden.

Rahner hat zwar kein eigenes Buch über Mystik verfasst, aber seine Theologie will aufzeigen, dass letztlich alle auf das unendliche Geheimnis Gottes verwiesen sind. Jeder Mensch hat in sich also eine Sehnsucht, Gott zu erfahren, aber Gott bleibt auch in der *Visio beatifica*, in der seligen Schau im Himmel das heilige Geheimnis. Rahner schreibt auf der einen Seite von der Mystik des Alltags, vom Gottfinden in allen Dingen, auf der anderen Seite von besonderen mystischen Erfahrungen, wie sie auch andere Menschen außerhalb des Christentums in anderen Religionen machen. Er spricht von Versenkungserfahrungen, die »nach dem Urteil der Psychologie zum normalen Reifungsprozess des Subjekts zählen« (McGinn 411). Auch wenn diese in anderen Religionen vorkommen, so ist nach seiner Ansicht für uns Christen doch Jesus Christus das eigentliche Vorbild und Urbild mystischer Erfahrung. Rahners Theologie betont die Gnade Gottes, die alle mystischen Transzendenzerfahrungen trägt. Er ist jedoch auch offen für die mystischen Erfahrungen in anderen Religionen, denn er betrachtet sie als »anonym christliche Mystik«. Das heißt: Selbst wenn das den Menschen in anderen Religionen nicht bewusst ist, sind sie seiner Ansicht nach von der Gnade getragen, wie sie uns in Jesus Christus von Gott her entgegengekommen ist. Diese Gnade, die am Kreuz am sichtbarsten aufleuchtet, gilt allen Menschen und berührt die Gotteserfahrung aller Menschen. Rahner spricht vom Aufgehen des Göttlichen im Menschen, »das im Letzten eben doch, trotz aller so oft ausgesprochenen Gnadenhaftigkeit jeder mystischen Erfahrung, zum inneren Wesen des Menschen gehört« (Schriften III, 83). Insofern zielen alle Religionen auf die Erfahrung der Mystik, und die mystische Erfahrung des Einswerdens mit Gott verbindet alle Gläubigen auf der ganzen Welt. Mystik ist daher für Rahner ein ökumenisches Thema.

Doch ihm geht es vor allem um die christliche Mystik, für die die Person Jesu Christi, die Meditation der Menschheit Jesu ein bleibendes Moment ist. Mystik ist für Rahner nichts

Karl Rahner, *1904 bis 1984, war Jesuit, Professor für Dogmatik und Kirchengeschichte und einer der einflussreichsten Theologen des 20. Jahrhunderts. Sein theologisches Hauptwerk bilden die* Schriften zur Theologie. *Neben anderen wichtigen Publikationen wie dem* Lexikon für Theologie und Kirche *oder der Reihe* Quaestiones Disputatae *arbeitete er bei der Vorbereitung und Durchführung des 2. Vatikanischen Konzils mit, nachdem er mit seiner Theologie, die sich vor allem mit den Problemen und Herausforderungen des 20 Jahrhundert an die Kirche befasste, wesentlich zur Öffnung der Kirche für die Themen der Zeit beigetragen hatte. Er nannte die Missstände in der Kirche beim Namen, förderte die Kommunikation mit der Weltkirche und erreichte, dass sich die Kirche auch mit den Naturwissenschaften und den gesellschaftlichen Strömungen, vor allem dem Marxismus, auseinandersetze.*

»Abgehobenes«, sondern der Weg, sich in der Beschäftigung mit dem Leben Jesu, mit seinen Worten und Taten, mit seiner Passion, seinem Tod und seiner Auferstehung immer wieder hineinnehmen zu lassen in das unbegreifliche Geheimnis der Liebe Gottes. Im Anschluss an seinen Ordensgründer Ignatius von Loyola spricht Rahner von einer »Mystik der Weltfreudigkeit« (Schriften III 329–348). Er verbindet das ignatianische »Gottfinden in allen Dingen« mit seiner Spiritualität des Kreuzes. Gott – so meint Rahner – ist auch durch die Welt hindurch zu finden. Gerade in der Alltäglichkeit, in der mein Wille immer wieder durchkreuzt wird, werde ich aufgebrochen für den unbegreiflichen Gott. Jesus selbst ist am Kreuz und durch das Kreuz hindurch hineingelangt in die unbegreifliche Liebe seines Vaters. »Ignatianische Weltfreudigkeit erwächst aus der Mystik der Verbundenheit mit dem, mit dem wir in der weltflüchtigen Torheit des Kreuzes eins geworden sind« (Schriften III 348).

Christliche Mystik meint also im Sinne Rahners, dass wir gerade im Umgang mit der Welt offen werden für den Gott, der in und jenseits der Welt ist als das unbegreifliche Geheimnis, das uns in allem, was wir tun, umgibt. Für Rahner bedeutet Mystik letztlich: Gott, das unbegreifliche Geheimnis erfahren. Ich erfahre Gott in den alltäglichen Begegnungen mit Menschen, in der Treue des Alltags, aber auch in besonderen Transzendenzerlebnissen, die ich in der Stille, in der Meditation, im Gottesdienst, in der Natur machen darf. Solche Erfahrungen können nicht herbeigeführt werden. Wir können uns durch den spirituellen Übungsweg dafür nur öffnen, doch die Erfahrung Gottes ist letztlich immer Geschenk seiner unbegreiflichen Gnade.

Rahner folgt in seiner Theologie letztlich der Definition von Mystik, wie sie Thomas von Aquin gegeben hat: *Cognitio*

»Der Christ der Zukunft wird Mystiker sein oder er wird nicht sein.« (Karl Rahner)

dei experimentalis, die erfahrungsmäße Erkenntnis Gottes. Die Menschen sehnen sich heute danach, Gott zu erfahren. Sie begnügen sich nicht mehr mit Worten über ihn. Die Kirche hat die Aufgabe, Räume der Gotteserfahrung anzubieten, aber zugleich auch Wege aufzuzeigen, wie wir uns dem unbegreiflichen Gott nähern können. Zudem muss sie die spirituellen Erfahrungen, die Menschen heute machen, deuten. Daher braucht es immer auch die theologische Reflexion, damit mystische Erfahrungen nicht dazu missbraucht werden, sich über andere Menschen zu stellen oder sie absolut zu setzen als Offenbarung Gottes, der auch andere folgen müssen. Es sind immer subjektive Erfahrungen Gottes, für die wir dankbar sein und die wir auch mit anderen teilen dürfen, aber – so wie es die wahren Mystiker immer getan haben – in aller Demut und Bescheidenheit, mit dem Wissen, dass Gott immer das unbegreifliche Geheimnis bleibt und seine Liebe unaussprechlich und unendlich ist.

Ganz gleich, wie wir Mystik definieren, es geht immer um eine Erfahrung Gottes. Sie muss nicht außergewöhnlich sein. Sie kann auch in einem kurzen Augenblick geschehen, in dem Gottes Wort mich anrührt, mir ins Herz fällt, in der Gottes Liebe mein Herz erfüllt, in dem mir die Augen aufgehen und ich für kurze Zeit in den Grund allen Seins schaue und mein Ego, das alles beurteilen möchte, vergesse. Ich bin einfach nur da, eins mit mir, eins mit dem Grund, eins mit Gott, der mich mit seiner Liebe einhüllt und durchdringt. Diese Art von Mystik verbindet uns mit den Gläubigen aller anderen Religionen, denn auch ihnen geht es darum, Gott mitten im Alltag zu erfahren, in der Begegnung mit anderen Menschen, in der Meditation, in den Gottesdiensten und an besonderen Orten, an denen man Gottes Nähe intensiver spüren kann.

5 Mystik und Psychologie

Wer sich mit Mystik beschäftigt, möchte Gott erfahren und mit Gott eins werden. Die Psychologie dagegen kann nichts über Gott aussagen. Sie wendet sich nur der Erfahrung des Menschen zu und beobachtet die psychischen Auswirkungen des mystischen Weges auf den Menschen. Das ist ein reduzierter Blick, der aber heute notwendig ist, um die Mystik von dem Verdacht zu befreien, sie sei eine Flucht vor der Realität oder nur Einbildung. Die Psychologie kann die heilende Wirkung mystischer Erfahrungen wahrnehmen, doch der Blick auf die therapeutische Dimension der Mystik darf Gott nicht vereinnahmen und verzwecken. Der Mystiker wendet sich Gott zu, weil er Gott sucht, weil Gott für ihn das eigentliche Ziel seines Lebens ist. Sein Ziel ist nicht, gesund zu werden. Aber indem er mit allen seinen Seelenkräften nach Gott sucht, darf er erfahren, dass seine Seele eine neue Qualität bekommt, dass ihn Friede und Freude erfüllen.

Die Psychologie hat eine kritische Funktion gegenüber der Mystik. Sie untersucht die verschiedenen Auswirkungen religiöser Erfahrungen auf den Menschen. Es gibt auch spirituelle Wege, die dem Menschen nicht guttun, die ihn krank machen. In manchen heutigen spirituellen Schulen ist man der Ansicht, die mystische Erfahrung sei etwas so Besonderes, dass sie die psychischen Strukturen nicht betreffe. Doch damit wird Mystik unangreifbar. Alles, was der Mensch erfährt, berührt auch seine Psyche. Auch die Gotteserfahrung, auch die

Erfahrung des Einswerdens spielt sich dort ab. Daher ist es legitim, diese psychischen Wirkungen zu beobachten und zu beurteilen. Teresa von Ávila und Johannes vom Kreuz haben ihre Mitschwestern und Mitbrüder nicht nur nach dem Inhalt ihrer mystischen Erfahrungen beurteilt, sondern auch nach der Auswirkung derselben auf den Alltag. Für sie war die Realitätskontrolle ein wichtiges Kriterium für die Echtheit mystischer Erfahrungen. Dabei schauten sie vor allem auf die Beziehungsfähigkeit und die Bereitschaft zur Arbeit. Mystische Erfahrungen können auch eine Möglichkeit sein, sich dahinter zu verstecken oder sich über andere zu erheben und sich damit unangreifbar zu machen. Dann benutzt man Mystik, um andere Ziele zu verfolgen. Für Teresa war das ein Zeichen, dass etwas mit der Spiritualität eines Menschen nicht stimmte. C.G. Jung spricht von der Gefahr, sich mit einem archetypischen Bild zu identifizieren. Auch der Mystiker ist ein solches Bild.

Teresa hat versucht, das innere Beten zu praktizieren und es ihren Mitschwestern zu erklären, aber sie hat sich damit nicht über andere gestellt. Sie bezieht sich in ihrem *Buch der Vollkommenheit* immer wieder auf die Brüchigkeit ihres eigenen Lebens und auf die psychischen Probleme ihrer Mitschwestern. Es geht ihr auch nicht nur um das innere Beten, sondern für sie ist das richtige Zusammenleben in der Gemeinschaft ebenso von Bedeutung.

Der heilige Benedikt fordert in seiner Regel den Novizenmeister auf, er solle die jungen Mönche prüfen, ob sie wahrhaft Gott suchen. Dabei macht er die ehrliche Gottsuche an drei Kriterien fest: ob sie Eifer haben beim Gottesdienst, ob sie fähig sind, sich auf die Gemeinschaft einzulassen, und ob sie bereit sind, sich in der Arbeit fordern zu lassen. Die Beziehungsfähigkeit und Leistungsfähigkeit sind für ihn ein Test für die Echtheit des geistlichen Lebens. Offensichtlich gab es

Mystik und Psychologie

schon damals die Gefahr, dass manche ihre spirituelle Erfahrung verabsolutierten und meinten, sie könnten auf das gemeinsame Gebet verzichten. Ihr spiritueller Weg wurde nach außen nicht sichtbar. Spiritualität braucht einen gemeinsamen Ausdruck. Das Eigentliche spielt sich natürlich im Herzen ab. Es gibt Menschen, die sich auf ihr Herz berufen, es aber hinter einer Fassade von Rechtfertigungen verstecken. Der persönliche Weg braucht auch den gemeinsamen Weg als Ergänzung, sonst setzt man ihn absolut. Dann identifiziert man sich mit dem Archetyp des Mystikers und merkt gar nicht, welche unbewussten Bedürfnisse man damit auslebt, etwa das Bedürfnis nach Macht, nach Geltung, danach, etwas Besonderes zu sein und sich bewundern zu lassen.

Die kritische Funktion der Psychologie gegenüber der Mystik

Die Psychoanalyse von Sigmund Freud hatte für religiöse und mystische Erfahrungen keinen Blick. Im Gegenteil, sie mutmaßte, dass sich hinter solchen Erfahrungen eine verdrängte Sexualität verberge. Die erotische Sprache vieler Mystikerinnen war ihr suspekt. Auch für den französischen Psychologen Jean-François Leuba und den niederländischen Religionspsychologen Antoine Vergote weisen mystische Erfahrungen auf eine affektive Regression und verdrängte Sexualität hin. Manchmal mag das durchaus zutreffen. Insofern hat auch die Psychoanalyse nach wie vor die Aufgabe, kritisch zu beurteilen, ob eine spirituelle Erfahrung eine heilende oder krankmachende Wirkung auf die Psyche eines Menschen hat, ob sie Flucht vor der Realität in eine Scheinwelt ist, hinter der man sich verschanzt, um sich den Anforderungen des Alltags zu entziehen, oder ob sie den Menschen befähigt, sich selbst zu bejahen und sich der Realität der Arbeit und der Gemeinschaft zu stellen.

Schon Teresa und Johannes vom Kreuz waren gegenüber mystischen Visionen skeptisch, denn sie erlebten oft genug, dass Schwestern und Brüder sich damit brüsteten. Diesen ging es letztlich nicht um Gott, sondern um das eigene aufgeblähte Ego. Die Psychologie hat die Aufgabe, wahrzunehmen, wo sich in unsere Sehnsucht nach Mystik infantile Wünsche oder aber Größenfantasien mischen.

Im Folgenden möchte ich einige Psychologen und ihre Haltung der Mystik gegenüber darstellen, um dann bei Evagrius Ponticus, dem Mystiker des frühen Mönchtums, die Verbindung zwischen Mystik und Psychologie zu beleuchten.

Spiritualität als Mittel zur Selbstheilung – Mystik und Psychosynthese

Erleuchtung als Selbsterkenntnis

Roberto Assagioli, ein italienischer Psychologe und Freund von C. G. Jung, sprach nicht nur vom Unterbewussten, sondern ebenso vom Überbewussten, das er auch spirituelles Bewusstsein nannte. Es gehört wesentlich zum Menschen. Wer mit dem Überbewussten in Berührung kommt, der erfährt eine Erweiterung seines Bewusstseins. Die engen Grenzen seines Egos werden überschritten und »es entsteht das Gefühl, einem umfassenderen Bewusstsein anzugehören« (Assagioli 28). Assagioli beschreibt die mystische Erfahrung als ein Erwachen der Seele und als Aufblitzen des spirituellen Bewusstseins, durch das das ganze Wesen transformiert und erneuert wird. Die Mystik nennt das Erleuchtung. Assagioli sieht die therapeutische Dimension dieser Erfahrung. In ihr werden die Probleme, an denen man haftet, zerstreut. Erleuchtung ist auch Erhellung des Bewusstseins, sodass man sich selbst klarer erkennen kann. Für Assagioli ist Erleuchtung »die Enthüllung der vollständigen Bedeutung der eigenen Existenz« (Assagioli 79). Sie ist aber mehr als die Erkenntnis meines wahren Selbst. In ihr sehe ich auch den Dingen auf den Grund und nehme das Licht wahr, »das der menschlichen Seele und der ganzen Schöpfung innewohnt« (ebd. 105). Erleuchtung »ist eine Vision, die die ganze Realität oder große Bereiche von ihr in ihrem Wesen und in ihrer Ganzheit zeigt. Sie ist die Wahrnehmung eines Lichts, das sich von dem Licht, das wir gewöhnlich sehen, unterscheidet und das von der Wirklichkeit selbst ausgestrahlt wird. Diese Art der Erleuchtung kann man als die Enthüllung der immanenten Göttlichkeit verstehen, der Einheit des universellen Lebens« (ebd. 78).

»Ich habe ein Problem, aber ich bin nicht das Problem«

Assagioli hat die Methode der Dis-Identifikation entwickelt. Diese funktioniert folgendermaßen: Zunächst nehme ich meine Gefühle wahr. Ich nehme wahr, wie beispielsweise Ärger in mir aufsteigt. Ich beobachte diesen Ärger. Der Teil in mir, der den Ärger beobachtet, ist von ihm nicht infiziert. Er ist der unbeobachtete Beobachter, der sich sagt: »Ich habe Ärger, aber ich bin nicht mein Ärger. Ich habe Angst, aber ich bin nicht meine Angst. Ich habe ein Problem, aber ich bin nicht das Problem.« Der unbeobachtete Beobachter ist das spirituelle Selbst, das schon heil und ganz ist. Es ist der innerste Kern in uns, unser Zentrum, unser wahres Wesen, das, was Christus als die wertvolle Perle bezeichnet hat in einem seiner Gleichnisse. Assagioli spricht vom intimsten Teil von uns. Es ist der innere Raum des Schweigens, von dem die Mystik eines Evagrius Ponticus spricht, der Ort Gottes, zu dem die Gedanken und Emotionen keinen Zutritt haben. Die Mystiker haben alle von diesem inneren Raum des Schweigens gewusst und ihn mit verschiedenen Bildern beschrieben. Katarina von Siena spricht von der inneren Zelle, Johannes Tauler vom Seelengrund. Meister Eckehart nennt ihn das Wertvollste, was ein Mensch vorzuweisen hat. Es ist der Raum, der unberührt ist von Sorgen und Problemen, von Ängsten und Ärger. Hier kommt der Mensch in Berührung mit seinem »Seelenfünklein«, der *Scintilla animae*. Dieser Raum des Schweigens entspricht dem innersten Gemach der Seelenburg, in das uns nach Teresa von Ávila das innere Beten führen möchte.

Die mystische Erfahrung verwandelt die Psyche des Menschen. Der Mystiker erfährt in sich eine Neugeburt, die Geburt Christi in seinem Herzen. Was die Mystiker die Gottesgeburt

Roberto Assagioli, *1888 bis 1974, war Arzt, Psychiater und Psychotherapeut und entwickelte die sogenannte* **Psychosynthese**, *ein ganzheitliches Modell des Menschen, das Körper, Geist und Seele umfasst. Dieses Modell fand Anwendung als therapeutische Psychosynthese, aber auch in der Pädagogik, im Bereich der Persönlichkeitsentwicklung und Beratung und der zwischenmenschlichen Beziehungen. Assagioli war der Ansicht, dass man einen Menschen, wenn man ihn nur als »Spielball« seiner biologischen Triebe versteht wie die Psychoanalyse, ihn immer nur teilweise begreift, aber nie in seiner Ganzheit. Ziel seines neuen Modells war es daher, die Freude, den Sinn, die Erfüllung, Kreativität, Liebe und Weisheit ebenso mit einzubeziehen wie die Impulse, Triebe und Bedürfnisse der menschlichen Natur. Die Psychosynthese verbindet daher wissenschaftliche Erkenntnisse aus Medizin und Psychologie mit den Weisheitslehren verschiedener Völker und entwirft ein Menschenbild, das einerseits die biologischen Gegebenheiten und Zwänge des Menschen sieht, andererseits aber auch seine Möglichkeit, eine Wahl zu treffen und persönlich Verantwortung zu übernehmen.*

Mystik und Psychologie

nennen, hat für Assagioli therapeutische Auswirkungen. Die Gottesgeburt ist für ihn zugleich die Erfahrung »der Befreiung von unseren Komplexen und Illusionen, von unserer Identifikation mit den verschiedenen Rollen, die wir im Leben spielen, mit den verschiedenen Masken, die wir tragen« (ebd. 111). Assagioli hat einen Artikel über die Beziehung zwischen Mystik und Medizin geschrieben. Darin wehrt er den Vorwurf der älteren Psychoanalytiker ab, die mystischen Phänomene seien Ausdruck psychischer Krankheit. Er hatte beobachtet, dass manches, was die Psychologie als Depression bezeichnet, in Wirklichkeit Ausdruck einer tiefgreifenden spirituellen Umwälzung sein kann (ebd. 154), und plädiert dafür, dass die Ärzte das spirituelle Leben ihrer Patienten besser verstehen und dass die Mystiker selbst nüchterner mit ihren Krankheitssymptomen umgehen. Sie sollten sich auf der einen Seite nicht zu sehr beunruhigen lassen – oft befinden sie sich in Durchgangsstadien zu einer tieferen inneren Erfahrung. Auf der anderen Seite sollten sie sie aber auch nicht »als Zeichen der Erhabenheit oder der göttlichen Gnade ansehen« (ebd. 154), denn manche Mystiker der Vergangenheit machten aus der Krankheit einen Kult, der mit Jesus nichts mehr zu tun hatte. Jesus aber nennt Assagioli einen echten und vollkommenen Mystiker (ebd. 155).

Sich der Versuchung stellen

Für Assagioli ist die Läuterung der Seele Voraussetzung für echte mystische Erfahrung. Er wendet sich gegen die sogenannten Immoralisten, die meinen, »dass die moralische Läuterung nicht notwendig sei, dass einem ebenso gut auch ohne diese mühsame und undankbare Arbeit große spirituelle Offenbarungen zuteil werden können« (ebd. 181). Dagegen setzt er die Erfahrung vieler erwachter Seelen, »dass sie nur durch die Läuterung der Persönlichkeit und durch Ausschaltung des Egoismus ans Ziel gelangt sind« (ebd. 184).

Er legt Dantes *Göttliche Komödie* aus und beschreibt sie als einen Reinigungsweg, auf dem uns verschiedene Figuren als Symbole für bestimmte Eigenschaften oder Einflüsse erscheinen. Eine davon ist beispielsweise der Panther, der für die Reize und Versuchungen der Sinne steht. Wenn der Mensch eine tiefe mystische Erfahrung macht, spürt er diese Versuchung nicht mehr. Die Gefahr ist, dass er meint, er sei schon geläutert. Doch wenn er ehrlich seinen Weg weitergeht, wird er merken, »dass die niedrige Natur nur für einen Augenblick beschwichtigt und stillgelegt, aber nicht bezwungen war« (ebd. 178). Daher muss er sich den Versuchungen stellen. Sie lehren ihn Bescheidenheit und Demut und nehmen ihm seine Dreistigkeit und Anmaßung, die ihn auf seinem Weg behindern. Eine weitere Figur, die uns unterwegs begegnet, ist Vergil, der uns zur Hilfe kommt. Er steht für das »spirituelle Urteilsvermögen«, für die Fähigkeit, »den rechten Weg zu erkennen und die Persönlichkeit durch Ermutigung und durch Beistand in der Not auf diesen Weg zu führen« (ebd. 180). Das Ziel des Menschen ist für Dante, die göttliche Weisheit zu erlangen. Doch solange er noch unrein ist, kann er die Wahrheit nicht schauen. Beatrice, die die göttliche Weisheit symbolisiert, schickt dem Pilger daher Vergil zu Hilfe, damit er ihn auf dem langen und schmerzhaften Weg der Läuterung begleite.

Sexualität als mächtige Energie nutzen statt verdrängen

Ein wichtiger Weg der Mystik ist für Assagioli die Verwandlung der sexuellen in spirituelle Energie. Er führt zunächst über die Umwandlung der sexuellen in emotionale Energie und schließlich in spirituelle Liebe zu anderen Wesen und zu Gott. Das gelingt nur, wenn man freundlich mit der Sexualität umgeht und sie als Gottes gute Gabe versteht. Wer die Sexualität als etwas Unreines ansieht und sie zu unterdrücken sucht, der verausgabt seine ganze Energie im Kampf gegen seine eigene Natur und gerät in »starke innere Spannungen, aus welchen nervöse und psychische Krisen und Störungen hervorgehen können« (Assagioli 239). Genauso wenig hilfreich ist es aber, der sexuellen Leidenschaft freien Lauf zu lassen. Assagioli plädiert für die Umwandlung der leidenschaftlichen und emotionalen Energien in spirituelle Energie. Er zitiert Johannes vom Kreuz, der wusste, dass die sexuelle Energie nur verwandelt werden kann, wenn sie von der göttlichen Liebe angezogen wird und in sie hineinfließt: »Nur die höhere Liebe kann die niedere besiegen« (ebd. 242). Das Ziel der Sexualität ist die Ekstase der Liebe. So führt die Sehnsucht, die in der Sexualität steckt, letztlich dahin, in der Ekstase der Liebe mit Gott eins zu werden. Das meinen die Mystiker, wenn sie von der *Unio mystica*, von der mystischen Hochzeit sprechen. In ihr wird der Mensch ganz eins mit Gott und zugleich mit sich selbst. Der ewige Widerstreit zwischen Geist und Trieb hört auf. Alle Kräfte im Menschen werden mit Gott eins. Das führt auch den Menschen zu einem tiefen inneren Frieden und zur Harmonie. In diesem Zustand erlebt er letztlich das, was auch eine gute Therapie erreichen will.

Teresa von Ávila hat die Verbindung zwischen Mystik und Eros auf ihrem Weg vorgelebt. Wenn man ihre Schriften liest, spürt man ihre Lebendigkeit, ihren Charme, ihre Echtheit und Fantasie. In ihrer Freundschaft mit Gratian schreibt sie offen von ihren Gefühlen. Dies alles sind Zeichen für eine integrierte Sexualität. Für unsere Zeit heute ist es sicher eine entscheidende Aufgabe, die Eroskraft in den spirituellen Weg zu integrieren. Wenn die Sexualität verdrängt wird, kostet uns das viel Energie, die uns dann für unsere Arbeit, für unsere Beziehungen und für unsere Spiritualität fehlt. Wenn die Sexualität unterdrückt wird, dann wird das Leben sehr spröde und hart. Man geht mit sich, den Dingen und miteinander grob und unsensibel um. Die Liebesmystik des Mittelalters integrierte offensichtlich die Sexualität. Frauen wie Hadewijch und Gertrud haben ihre Erfahrungen mit Jesus Christus in einer sehr erotischen Sprache beschrieben. Früher sah man darin einen Ersatz für deren ungelebte Sexualität. Heute sehen es viele Psychologen positiver: Sie erkennen, dass der Eros bei diesen Frauen ihre Liebe zu Christus intensivierte.

Euphorische Spiritualität und gesetzliche Frömmigkeit

Bei zwei Formen von Frömmigkeit erlebe ich heute immer wieder, dass sie Zeichen einer nicht integrierten Sexualität sind. Für Assagioli sind das »Pseudo-Sublimierungen, die lediglich eine Bemäntelung der menschlichen Liebe und ein Ersatz für sie sind« (ebd. 243). Die erste Form ist die euphorische Spiritualität. Wenn jemand zu sehr von seiner Liebe zu Gott oder zu Jesus Christus schwärmt, dann bin ich immer skeptisch. Die Erfahrung zeigt, dass dahinter oft eine abgespaltene Sexualität steckt. Menschen flüchten sich in eine Euphorie, weil sie die Realität nicht aushalten können. Sie können sich nicht demütig ihrer drängenden Sexualität stellen, sondern müssen sie in der Euphorie überspringen. Aber sie werden immer wieder von ihrer abgespaltenen Sexualität eingeholt und leben dann trotz ihrer euphorischen Spiritualität eine sexuelle Beziehung. Sie merken gar nicht, dass das ihrem spirituellen Anspruch widerspricht.

Die andere Form ist eine »gesetzliche Frömmigkeit«. Wenn jemand allzu sehr auf die Einhaltung der Gebote pocht und sich ganz und gar in ein enges Normengeflecht einzwängt, dann steckt dahinter oft die Angst vor der eigenen Sexualität. Alle Versuche, die Gesetze peinlich genau zu erfüllen, befreien die oft zwanghaften Menschen nicht von der Macht ihrer Sexualität. Ich sehe es daher als eine wichtige Aufgabe der Zukunft an, Sexualität in unsere Spiritualität zu integrieren. Ich spreche lieber von Integration als von Sublimation, denn es geht darum, die sexuelle Energie in unsere Liebe zu Gott fließen zu lassen. Die wahre Mystik ist ein Weg, die Eroskraft für unseren spirituellen Weg zu nutzen.

Einswerden heißt heil werden –
Mystik und transpersonale Psychologie

Die transpersonale Psychologie geht auf Abraham Maslow zurück. Er schreibt von den sogenannten Metabedürfnissen des Menschen: dem Bedürfnis nach Wahrheit, Schönheit, Güte, nach Bewusstseinserweiterung, mystischer Erfahrung, Einssein mit sich und mit Gott. Von diesen Metabedürfnissen sagt er: »Sie gebieten Anbetung und Verehrung und verlangen Opfer. Es lohnt sich, für sie zu leben und für sie zu sterben. Sich in sie zu versenken und mit ihnen zu verschmelzen, ist das höchste Glück, dessen der Mensch fähig ist« (Abraham Maslow, Eine Theorie der Metamotivation, in: Psychologie in der Wende, hrsg. v. R. N. Walsh u. F. Vaughan, München 1985, 152). Das spirituelle Leben gehört wesentlich zum Menschen. Eine Psychologie, die die spirituelle Dimension des Menschen vernachlässigt, wird ihm nicht gerecht. Sie vermag ihn nicht zu seinem wahren Selbst, zum eigentlichen Kern des Menschseins führen.

Maslow spricht von »Gipfelerfahrungen«, die letztlich den mystischen Erfahrungen gleichen. »Der Mensch tritt ein in das Absolute, er wird eins mit ihm, und wenn auch nur für einen kurzen Augenblick. Dieser Augenblick verändert das Leben. Viele haben darüber gesagt, dass in ihm der Geist des

Abraham Maslow, *1908 bis 1970, war ein amerikanischer Psychologe. Ende der 1960er-Jahre prägte er zusammen mit anderen Vertretern seiner Schule den Begriff der* **Transpersonalen Psychologie**. *Bekannt wurde Maslow vor allem durch die sogenannte Maslowsche Bedürfnispyramide, die die Hierarchie menschlicher Bedürfnisse abbildet. Die Basis bilden danach die Grund- oder Existenzbedürfnisse, gefolgt von Sicherheit, Sozialbedürfnis, Anerkennung und Wertschätzung und schließlich der Selbstverwirklichung. Die Transpersonale Psychologie beschäftigt sich mit Bewusstseinszuständen »jenseits« (daher »trans«-personal) der personalen Erfahrung wie Transzendenz, Spiritualität oder Religion. Außer Maslow sind vor allem Stanislaf Grov, Roger N. Walsh, Roberto Assagioli und Ken Wilber als prominente Vertreter dieser Richtung zu nennen. Neben Elementen verschiedener humanistischer Therapieverfahren werden vor allem meditative und hypnotische Techniken, Methoden einiger anderer Psychotherapien und verschiedene spirituelle Techniken eingesetzt, um bewusstseinserweiternde Erfahrungen zu ermöglichen. Gerade deswegen wird die Transpersonale Psychologie von der klassischen aber oft kritisch gesehen.*

Menschen innehalte, und dass sich ihm in diesem zeitlosen Augenblick die paradoxe, veränderlich/unveränderliche Natur des Universums erschließe« (Marsha Sinetar, Die Sehnsucht, ganz zu sein, 146). Die »Gipfelerfahrungen« haben immer mit Ekstase zu tun: Wir werden aus der Enge unserer Wahrnehmung herausgerissen und eins mit dem Geheimnis allen Seins.

»Gipfelerfahrungen« und das Zerbrechen von Illusionen

Die Gipfelerfahrungen gleichen den Erfahrungen von Erleuchtung oder von Einswerden, wie sie die griechische Mystik, Meister Eckehart und Teresa von Ávila beschreiben. Sie

»Metabedürfnisse gebieten Anbetung und Verehrung und verlangen Opfer. Es lohnt sich, für sie zu leben und für sie zu sterben. Sich in sie zu versenken und mit ihnen zu verschmelzen, ist das höchste Glück, dessen der Mensch fähig ist.« (Abraham Maslow)

machen nach Maslow das Leben erst reich. Eine Psychologie, die sich diesen Erfahrungen verschließt, wird dem Menschen nicht gerecht. Sie reduziert ihn auf seine vitalen Bedürfnisse.

Andere Vertreter der transpersonalen Psychologie sind Roger N. Walsh, James Fadiman und James Bugental. Walsh ist mit C.G. Jung der Meinung, dass die eigentliche Heilung des Menschen erst dann geschieht, wenn er Zugang zum Numinosen, zum Göttlichen bekommt. Ohne die Beziehung zum Göttlichen heilen die Wunden nicht wirklich. Depr

Wer Gott in der Tiefe seiner Seele erfährt, für den verblassen allmählich »unzuträgliche Gewohnheiten und scheinbar unverzichtbare Bedürfnisse« (R.N. Walsh, Psychologie in der Wende, München 1985, 194). Das Ziel der transpersonalen Psychologie ist nicht, die eigenen Verletzungen aufzuarbeiten. Sie will den Menschen vielmehr in einen Zustand bringen, »der in verschiedenen Traditionen als Gewissheit, Befreiung, Erleuchtung oder Gnosis bekannt ist« (ebd. 200). Der Weg zu dieser Befreiung ist der der Loslösung, letztlich der Askese. Transpersonale Psychologen sprechen hier wie die Mystik vom Ich-Tod. Sie meinen aber nicht, dass man das Ich zerbrechen solle. Vielmehr verstehen sie den Ich-Tod als Befreiung von allen falschen Selbsteinschätzungen und Illusionen, die wir uns von uns selbst gemacht haben. Wenn wir uns auf das Leben einlassen mit seinen Höhen und Tiefen, mit seinen Erfolgen und mit seinem Scheitern, dann wird uns mehr und mehr die Illusion genommen, dass wir durch Psychologie oder Spiritualität das Gelingen unseres Lebens garantieren könnten. Unsere Vorstellungen vom Leben werden zerbrochen und so wird das Ich aufgebrochen für das Geheimnis Gottes. Eine Krankheit kann uns die Illusion nehmen, dass wir durch gesunde Ernährung oder gesunde Spiritualität unser Gesundbleiben garantieren könnten. Das Scheitern in einer Ehe oder im Beruf raubt uns die Illusion, dass uns alles gelingt, wenn wir nur genügend beten. Selbst eine Schuld kann zur heilsamen, zur »glücklichen Schuld« werden, wenn sie uns von der Einbildung befreit, dass wir durch Gebet und Meditation immer spiritueller werden und uns über die »Sünder« erheben können. Wenn wir das Leben mit all dem, was uns widerfährt, von Gott her betrachten, wird es unser enges Ego zerbrechen und uns immer mehr für Gott öffnen.

Statt Ich-Tod sprechen die transpersonalen Psychologen auch von Selbsttranszendenz. Sie öffnet uns nicht nur für Gott, sondern schafft auch eine neue Beziehung zur Welt und zu allen Menschen. »Hier erfährt man sich selbst nicht mehr als isoliert, sondern als Teil eines größeren Ganzen, als zutiefst mit allem verbunden und in Beziehung stehend« (ebd. 208). Man hört auf, nur noch ichhafte Ziele zu verfolgen. Vielmehr wird man bereit zu dienen. Nicht die Welt zu beherrschen ist das Ziel, sondern am Geheimnis des Seins teilzunehmen. Das Freisein von der Herrschaft des Ego gibt unserem Denken und Handeln eine andere Qualität. Man merkt es einem Menschen an, ob er bei allem nur um das eigene Ich kreist, ob auch sein mystischer Weg nur ein Ego-Trip ist, oder ob es ihm wirklich um Gott geht. Karl Rahner nennt die tiefste mystische Erfahrung ein »Kapitulieren vor dem Geheimnis Gottes«, ein Sich-Ergeben in Gottes Unbegreiflichkeit hinein. Da wird Gott nicht mehr benutzt, um das eigene Ego aufzublähen, sondern ist das Ziel unseres Strebens. Das Ende dieses Strebens ist nicht ein Erfolg, den man messen könnte, sondern ein Sich-Ergeben, ja ein Sich-Vergessen. Indem ich mich in Gott hinein fallen lasse, vergesse ich mich selbst. Und indem ich mich selbst vergesse, bin ich ganz frei vom Terror meines Ichs. Da geht es mir wirklich nur noch um Gott. Gerade so werde ich wahrhaft Mensch.

Auf der Suche nach unserer inneren Heimat

James Bugental sieht das Ziel einer Therapie darin, den Menschen zu seiner inneren Heimat zu führen. Er ist der Ansicht, viele Menschen suchten die Lösung ihrer psychischen Probleme in der Außenwelt. Das bedeutet: Wenn der oder jener sich mir mehr zuwenden würde oder freundlicher zu mir wäre, dann ginge es mir besser. Andere erwarten sich von einem Therapeuten das Heil. Die wahre Heilung jedoch geschieht im Inneren. Bugental ist der Überzeugung, ein großer Teil unserer Nöte und Probleme sei darauf zurückzuführen, »dass wir als Verbannte leben, verbannt aus unserer Heimat, der inneren Welt unserer subjektiven Erfahrung« (Bugental 216). Viele denken, es ginge ihnen so schlecht, weil der Freund oder die Freundin so wenig Verständnis für sie haben, weil der Chef sie so ungerecht behandelt oder die Mitarbeiter so schwierig sind. Sie machen sich abhängig von der Zuwendung oder Ablehnung der anderen. Bugental verweist uns auf das eigene Innere. In uns ist die Lösung. Es kommt auf uns an, dass wir uns innerlich befreien vom Verhaftetsein an den anderen. Wenn wir einverstanden sind mit dem, was Gott uns zumutet, dann finden wir in unserem Herzen Frieden, einen Frieden, den uns die anderen nicht rauben können.

> »Unsere Heimat liegt innen, und dort sind wir souverän. Solange wir diese uralte Wahrheit nicht neu entdecken, und zwar jeder für sich und auf seine Weise, sind wir dazu verdammt, umherzuirren und Trost dort zu suchen, wo es keinen gibt – in der Außenwelt.« (James Bugental)

Bugental versteht die eigentliche Mission der Psychotherapie darin, den Menschen zur inneren Heimat zu führen. »Unsere Heimat liegt innen, und dort sind wir souverän. Solange wir diese uralte Wahrheit nicht neu entdecken, und zwar jeder für sich und auf seine Weise, sind wir dazu verdammt, umherzuirren und Trost dort zu suchen, wo es keinen gibt – in der Außenwelt« (ebd. 217). Die wahre Heilung des Menschen geschieht also darin, dass er in Berührung kommt mit seiner inneren Heimat, mit dem inneren Heiligtum, von dem der Hebräerbrief spricht. Dort, wo Gott in mir wohnt, bin ich heil und ganz. Die Erfahrung Gottes im inneren Raum der Stille befreit mich von der Macht der Menschen, von der Macht ihrer Erwartungen und Beurteilungen. Dort haben auch meine eigenen Emotionen, meine Ängste und Traurigkeit keinen Zutritt. Dort, wo alles still ist, bin ich ganz ich selbst, komme ich in Berührung mit meinem wahren Selbst, mit dem »göttlichen Kind«, wie das der amerikanische Psychologe John Bradshaw nennt.

Die wahre Heilung besteht also nicht darin, besser mit meinen Problemen umzugehen, besser mit meinen Ängsten und Depressionen zurechtzukommen. Vielmehr ist das Ziel der Transpersonalen Psychologie, mich auf eine andere Ebene zu führen, auf die Ebene der mystischen Erfahrung. Sie löst meine Blockaden auf. Wenn ich Gott erfahre, bin ich nicht mehr gebunden an meine alten Lebensmuster. Allerdings darf man auch keine unrealistischen Erwartungen hegen. Im Augenblick der Gotteserfahrung bin ich frei von meinen neurotischen Lebensmustern, aber im nächsten Augenblick greifen sie wieder nach mir. Doch wer in der mystischen Erfahrung einmal die innere Freiheit und das Einssein mit sich selbst gespürt hat, für den relativieren sich die Probleme. Sie sind noch da, sie tauchen immer wieder auf, aber sie haben ihn nicht im Griff. Er beobachtet sie, nimmt sie wahr, ohne dagegen zu kämpfen,

Mystik und Psychologie

und lässt sie wieder los. Wenn wir gegen unsere neurotischen Strukturen kämpfen, entwickeln sie eine so starke Gegenkraft, dass wir ständig damit konfrontiert sind. Wenn ich meine Angst bekämpfe – ob psychologisch oder spirituell –, wird sie mich überallhin verfolgen. Wenn ich mich in meiner Angst einlasse auf den Grund meiner Seele, in dem Gott wohnt, relativiert sie sich. Im Augenblick der mystischen Erfahrung ist sie nicht mehr da. Sie kommt wieder, aber sie nimmt mich nicht mehr als ganzen Menschen in Beschlag.

Kontemplation als Ziel und nicht als Mittel der Heilung – Mystik und Psychologie bei Evagrius Ponticus

Bisher haben wir die heutige Psychologie nach ihrer Haltung zur Mystik befragt. Doch auch die Mystiker selbst haben schon die Beziehung zwischen Mystik und Psychologie gesehen. Ich möchte als Beispiel für diese innere Verbundenheit dieser beiden Pole den größten Psychologen unter den

Evagrius Ponticus, *345 bis 399, war ein Schüler von Gregor von Nazianz. Er lebte als Mönch in der nitrischen Wüste und wurde zum Führer seiner Mitbrüder, als Ende des 4. Jahrhunderts der Streit über die Lehren des Origenes ausbrach, denen er folgte. Nach seinem Tod wurden seine Mitbrüder von Bischof Theophilos von Alexandria ausgewiesen und fanden bei Johannes Chrysostomos in Konstantinopel Aufnahme. Evagrius entwickelte die sogenannte Achtlasterlehre und erwarb sich auch durch seine sonstigen Schriften hohes Ansehen bei den Theologen seiner Zeit. Von seinem Werk ist jedoch kaum etwas bis heute überliefert. Viele seiner Schriften wurden aber schon früh in andere Sprachen übersetzt, sodass Evagrius sozusagen als Vermittler zwischen östlicher und westlicher mönchischer Spiritualität gesehen werden kann.*

monastischen Autoren anführen: Evagrius Ponticus. Evagrius war ein hochgebildeter Grieche. In einer persönlichen Krise floh er aus Konstantinopel und gab seine kirchliche Karriere auf. Er reiste ins Heilige Land, war sich jedoch unschlüssig, was er dort sollte. In Bethlehem wurde er krank. Da ermahnte ihn die fromme Pilgerin Melanie, seiner eigentlichen Berufung zu folgen. Die Krankheit zeige, dass er den inneren Ruf verdrängt habe. So wurde er Mönch. John Eudes Bamberger, Abt der Trappistenabtei Genessee und selbst Psychiater, meint, Evagrius käme in seiner Psychologie den Einsichten der heutigen sehr nahe. Und es lohne sich, seine Weisheit mit den Erkenntnissen der modernen Psychologie zu vergleichen.

Den eigenen Leidenschaften begegnen

Für Evagrius Ponticus ist die Kontemplation das Ziel des Menschen, die reine Schau Gottes ohne Gedanken und Vorstellungen, das Einswerden mit Gott auf dem Grund der Seele. Doch der Weg zu diesem Einswerden führt über die Begegnung mit den *Logismoi*, mit den eigenen Leidenschaften und Emotionen. Der Mensch muss lernen, mit diesen so umzugehen, dass sie ihn nicht beherrschen, sondern dass er sie integriert in sein spirituelles Leben. *Apatheia*, Gemütsruhe, ist die psychische Voraussetzung der Kontemplation, der Zustand inneren Friedens. Wenn ich das erreicht habe, bin ich frei geworden vom pathologischen Verhaftetsein an meinen Leidenschaften und von den Verstrickungen in meine Lebensmuster. Evagrius nennt die *Apatheia* die Gesundheit der Seele. Nur eine gesunde Seele vermag eins zu werden mit Gott. Doch umgekehrt sagt er auch: Der Mönch erreicht diese Gesundheit der Seele nicht allein durch seinen Umgang mit den Leidenschaften und nicht allein durch Askese. Das äußerliche Halten der Gebote vermag unsere Seelenkräfte nicht zu heilen. »Das muss noch durch ein kontemplatives Tun ergänzt werden, das ihr [der Seele] mehr entspricht, und dieses Tun muss in den Geist eindringen« (Bamberger 16). Die Kontemplation ist also die eigentliche Heilung des Menschen.

Mystik kann die Seele heilen

Mystik heißt für Evagrius, dass die inneren Bilder der Seele geheilt werden. Die Schau Gottes dringt in die Wurzeln der Seele ein, dorthin, wo sie oft von neurotischen Lebensmustern bestimmt wird. John Eudes Bamberger beschreibt die Psychologie, die der Mystik des Evagrius zugrunde liegt, so: »Nur wo die Bilder und Ideen von Seele und Geist voll vom reinen Lichte Gottes umgestaltet sind, soweit das überhaupt möglich ist, können sich die Haltungen des Menschen und seine Aktivitäten harmonisch zur höchsten Blüte entfalten, die die früheren Missklänge aufhebt. Diese Bilder sind durch die Schau des göttlichen Lichtes, das sich in der Seele widerspiegelt, gereinigt und verwandelt. Der Mensch kommt nicht allein durch sein eigenes Tun zur Vollendung, das sich von außen her nach innen richtet, er muss noch in den Tiefen seines Geistes umgewandelt werden, wo sich in den letzten Winkeln seines Seins für die Außenwelt unerreichbare unbewusste Bilder verbergen« (Bamberger 22). Die Kontemplation durchdringt die Tiefen der menschlichen Seele. Sie reinigt die inneren Bilder, sie hebt die neurotischen Strukturmuster auf. Doch der Weg zu dieser inneren Reinigung führt nach Evagrius über die psychologische Beschäftigung mit den eigenen Leidenschaften. Der Mönch soll diese genau beobachten, ihre Zusammenhänge erforschen und dann auf kluge Weise mit ihnen umgehen. So, wie dies Evagrius beschreibt, könnte es auch in einem heutigen psychologischen Lehrbuch stehen.

Selbstwahrnehmung und Reinigung –
auf dem Weg zur eigenen Mitte

Die Beziehung von Psychologie und Mystik sieht Evagrius also von zwei Seiten. Auf der einen Seite muss der Mensch sich mit der eigenen Psyche beschäftigen, damit sich die Leidenschaften nicht störend auf die Kontemplation auswirken. Das erleben wir heute häufig, dass sich die übersprungenen psychischen Strukturen in die mystische Erfahrung mischen. Wenn ein spiritueller Mensch die psychologische Dimension überspringt, besteht die Gefahr, dass er binnen kurzer Zeit autoritär wird, was zu geistlichem Missbrauch führen kann. Er bindet Menschen an sich und macht sie von sich abhängig. Aber da er alles spirituell überhöht, bemerkt er seine eigenen Bedürfnisse nach Macht und Nähe nicht. So viel er dann auch von Einheitsmystik spricht: Es fällt ihm nicht mehr auf, dass die spaltenden Tendenzen seiner eigenen Seele die Menschen um ihn herum ebenso in feindliche Gruppen spalten, dass er sich mit seiner Mystik über alle anderen Gläubigen stellt, die ja keine Ahnung haben von der eigentlichen spirituellen Erfahrung.

Auf der anderen Seite ist Evagrius überzeugt, dass die bewusste Auseinandersetzung mit der eigenen Psyche nicht ausreicht, um den Menschen in der Tiefe seiner Seele zu heilen. Die Kontemplation, auf die man sich durch den Umgang mit den Leidenschaften vorbereitet, reinigt und heilt die Seele in der Tiefe. Die Reinigung der Seele ist die Voraussetzung für die Kontemplation. Bevor man den Weg der Erleuchtung und der Einigung einschlägt, muss man zunächst den der

»Du wirst nicht das vollendete Gebet erhalten, wenn du belastet bist mit stofflichen Dingen und unruhig durch ständige Sorgen; denn das Gebet verlangt frei sein von jedem Gedanken.« (Evagrius Ponticus)

Reinigung gehen. Es ist der asketische Weg ehrlicher Selbst-begegnung und echter Auseinandersetzung mit den eigenen Lebensmustern. Ohne diese innere Reinigung sind wir in Gefahr, unsere krankhaften Lebensmuster spirituell zu über-höhen. Wir meinen dann, wir gingen den Weg der Mystik. In Wirklichkeit agieren wir nur unsere Geltungssucht aus oder geben der Verdrängung unserer Sexualität einen mystischen Anstrich. Ohne Reinigung mischen sich in unsere religiösen Erfahrungen unsere eigenen Bedürfnisse und Projektionen. In der Kontemplation dürfen wir manchmal innere Reinigung er-fahren. Evagrius nennt diese Erfahrung gemeinsam mit vielen anderen Mystikern Erleuchtung. Aber sie besagt noch nicht, dass wir ganz rein geworden sind. Vielmehr muss die Erfah-rung der Reinheit bearbeitet werden, damit sie auch den Alltag durchdringen kann. Es ist eine mühsame Arbeit, die Reinheit, die in der Kontemplation aufblitzt, auch in den Beziehungen zu anderen und in der täglichen Arbeit durchzuhalten und sie immer tiefer in Leib und Seele eindringen zu lassen.

Demut als mystische Haltung

Für Evagrius ist die Gesundheit der Seele die Voraussetzung für die ehrliche Gotteserfahrung. Doch das dürfen wir nicht falsch verstehen, denn man könnte ja meinen, dann hätten nur psychisch gesunde Menschen diese Möglichkeit und bei-spielsweise depressive Menschen wären von vornherein aus-geschlossen von der mystischen Erfahrung. Das kann man jedoch so nicht sagen. Wir dürfen die psychologischen Klassi-fizierungen nicht absolut setzen. Auch in einer Depression kann meine Seele in ihrem Grund heil sein. Selbst in neuro-tischen Mustern kann etwas Heiles aufblitzen. Auf der einen Seite dürfen wir die Psychologie nicht absolut setzen, auf der anderen Seite die Mystik nicht von jeder psychologischen

Beurteilung ausnehmen. Ob die mystische Erfahrung eines depressiven oder neurotischen Menschen echt ist, zeigt sich auch in den psychischen Auswirkungen, die diese Erfahrung auf ihn haben. Gefährlich wird es, wenn ein Mystiker seine neurotischen Muster überspringt und sich mit seinen Erfahrungen brüstet. Das ist immer ein Zeichen, dass er sich seiner Krankheit nicht bewusst ist und die Mystik dazu missbraucht, seine eigene Wirklichkeit auszublenden. Wenn jemand jedoch an seiner Depression oder seiner Neurose leidet und sie in aller Demut eingesteht, dann kann er trotzdem tiefe spirituelle Erfahrungen machen. Diese Erfahrungen nehmen ihm seine Depression nicht, aber sie verwandeln sie. Sie wird durchsichtig auf etwas anderes hin und verweist ihn auf Gott. Mitten in seiner Krankheit ahnt er Frieden und Einklang mit sich selbst. Durch die Depression hindurch kann man so auf die reine Seele eines Menschen schauen.

Für Evagrius und die ganze Mönchstradition ist daher die Demut die eigentliche Voraussetzung religiöser Erfahrung. Die Demut (*Humilitas*) ist der Mut, hinabzusteigen in die Tiefen der eigenen Menschlichkeit, seine Verbindung mit der Erde anzuerkennen, um so Boden unter den Füßen zu bekommen. Demut ist keine passive Haltung, die darin besteht, sich nichts zuzutrauen. Vielmehr ist sie von Mut geprägt, von dem Mut, gemeinsam mit Christus in das Reich des eigenen Schattens vorzudringen und das Licht Christi in den Bereich der neurotischen Muster und psychischen Krankheiten und Gefährdungen hineinzuhalten. Wer hinabsteigt in den Grund seiner Seele, der erfährt dort eine innere Klarheit und Reinheit: die Reinheit des Herzens oder die *Apatheia*, die innere Freiheit von diesen neurotischen Zwängen. In der Tiefe ist die Seele des Menschen gesund und heil, und diese Erfahrung des eigenen reinen und gesunden Seelengrundes gibt dem Menschen eine Ausstrahlung, die ein guter Psychologe von der Ausstrahlung anderer depressiver oder neurotischer Menschen klar unterscheiden kann.

Das eigene Licht sehen

Dass die Seele heil geworden ist, zeigt sich dann darin, dass der Mensch sein eigenes Licht sieht. In diesem inneren Licht erkennt er die Spur Gottes in seinem Herzen. Evagrius beschreibt diese Erfahrung so: »Wenn ein Mensch den alten Menschen abgelegt und den neuen Menschen angezogen hat, der eine Schöpfung der Liebe ist, dann wird er zur Stunde des Gebetes erkennen, wie sein Zustand einem Saphir gleicht, der klar und hell wie der Himmel leuchtet« (PG 40,1240 A). Evagrius nennt das *Apatheia*, einen Zustand innerer Reinheit und Klarheit, der Freiheit von allen Projektionen. Sein Schüler Cassian hat das mit *Puritas cordis*, mit »Reinheit des Herzens« übersetzt. Und beide, Evagrius und Cassian, setzen diesen Zustand mit Liebe gleich. Es ist aber eine Liebe, die nicht besitzen will. Es ist die reine göttliche Liebe, die alles durchdringt, die sich an nichts festklammert, sondern alles im Licht der Liebe Gottes sieht, für die alles rein ist und klar, für die alles leuchtet.

Es ist erfreulich, dass sich heute viele Psychologen der Mystik zuwenden. Leider ist ihnen die christliche oft nicht vertraut genug, und so beziehen sie sich lieber auf die östliche. Für mich ist es eine wichtige Aufgabe, dass wir unsere christliche Mystik heute so beschreiben und unseren mystischen Weg so gehen, dass er für die Menschen verständlich wird und ihre Sehnsucht nach innerer Verwandlung und Heilung anspricht. Heilung ist dabei aber mehr als das Bedürfnis nach Sich-Wohlfühlen und muss in ein Tun münden, das die Welt aus der Erfahrung Gottes heraus gestaltet. An den Früchten werdet ihr sie erkennen, sagte schon Jesus. Das gilt auch für die Mystik. Nur eine Mystik, die die Psyche des Menschen verwandelt und ihn dann auch zu einem neuen Verhalten befähigt, entspricht der Mystik, die uns die Evangelien vor Augen führen.

Mystische Erfahrungen kann man nicht einfach machen, aber es gibt Hilfen, die uns für die Erfahrung Gottes öffnen. Ich möchte einige Wege beschreiben, die uns helfen sollen, heute, mitten in der Realität des 21. Jahrhunderts die Erfahrungen zu machen, die die verschiedenen mystischen Schulen der Vergangenheit beschrieben haben. Dabei ist es hilfreich, die zwei Grundtypen der Mystik zu unterscheiden, denen wir in der Geschichte der Spiritualität begegnen:

Einswerden im Selbst und Einswerden im Du:
Die beiden Wege der Mystik

In der Geschichte der Mystik unterscheidet man zwei Typen von Mystik: die Mystik des Einswerdens mit Gott im eigenen Seelengrund, die von manchen auch Wesensmystik genannt wird, und die Liebesmystik, die sich im Mittelalter vor allem als Brautmystik entfaltet und zum großen Teil von Frauen getragen wird. Allerdings ist diese Unterscheidung relativ, denn auch in der Einheitsmystik spielt die Liebe eine große Rolle, und auch in der Liebesmystik geht es letztlich um das Einswerden mit Gott und mit Jesus Christus. Dennoch ist diese Unterscheidung wichtig, gerade auch im Dialog mit der Mystik anderer Religionen. Manche setzen der Wesensmystik oder Einheitsmystik des Buddhismus oder Hinduismus die Du-Mystik des Christentums entgegen. Aber das Christentum kennt eben beide Wege: die Seinsmystik und die Liebesmystik, das Einswerden mit Gott auf dem Grund der Seele und das Einswerden mit dem Du des geliebten Gottes oder des Bräutigams Jesus Christus.

Die Unterscheidung zwischen der eher apersonalen Einheitsmystik und der personalen Liebesmystik ist hilfreich, weil diese beiden Formen jeweils unterschiedliche Menschen ansprechen. Nicht alle fühlen sich zur Liebesmystik hingezogen. Für sie ist der nüchternere Weg der Einsheitsmystik hilfreich. Es gibt aber auch die tiefe Sehnsucht nach ekstatischer Liebe, die die Liebesmystik erfüllt. Diese beiden Formen sprechen nicht nur verschiedene Menschen an, sie haben auch ihre je eigene Zeit in der persönlichen Geschichte der Einzelnen: Es gibt Phasen, in denen die Einheitsmystik im Vordergrund steht, und andere, in der uns die Liebesmystik näher ist. Es gibt Menschen, die anfangs von der Liebesmystik fasziniert sind und dann den stilleren Weg der Einheitsmystik gehen. Manche fühlen sich von der Liebesmystik auch überfordert, weil sie den Eindruck haben, dass sie zu weit weg von ihnen ist. Sie beginnen mit den Erfahrungen des Einsseins und gelangen auf diesem Weg zur Ahnung von dem Gott, der Liebe ist, in dem uns eine Person anschaut, eine Liebe, die ein Gesicht hat.

Entscheidend ist, dass wir immer beide Pole beachten. Es gibt die Erfahrung von Einswerden mit allem, was ist, in der Gott kaum als Du aufscheint. Aber wenn ich auf den Grund dieser Erfahrung gehe, entdecke ich dort dennoch etwas oder besser jemanden, der mir antwortet auf meine tiefste Sehnsucht. Ich mache mich auf, ich werde eins, aber fühle mich auch hineingenommen in diese Einheit. Letztlich ist es für mich Gott, der mich darin aufnimmt.

Auf der einen Seite sollten wir als Christen also keine Angst haben vor dieser Einheitsmystik. Sie ist ein wesentlicher Bestandteil christlicher Mystik. Auf der anderen Seite dürfen wir auch dankbar sein für die Liebesmystik, für die personale Du-Mystik, denn sie hat uns zu einem tiefen Gespür für das Geheimnis der Person geführt. Die östliche Mystik kennt kaum eine Ich-Du-Philosophie, aber sowohl das Christentum als auch das Judentum und der Islam kennen eine Liebesmystik, die die Einzigartigkeit jeder einzelnen Person und deren unendliche Würde aufzeigt. So wurde im Westen eine hohe Kultur des Personseins und der personalen Beziehung entwickelt, die wir nicht durch eine manchmal unqualifizierte Kritik am westlichen Dualismus von Leib und Seele auflösen sollen.

Mystik: Alles andere als weltfremd!

Im Folgenden möchte ich konkrete Wege aufzeigen, wie wir die Erfahrungen machen können, die uns die Einheitsmystik und Liebesmystik beschreiben. Allerdings sollen diese Wege nicht den Eindruck erwecken, dass wir diese Erfahrungen hervorrufen könnten. Sie sind immer auch Geschenk göttlicher Gnade. Zum anderen möchte ich verständlich machen, dass beide Formen der Mystik nicht weltfremd sind, sondern der tiefsten Sehnsucht des Menschen entsprechen. Sie können zu einer Quelle des aktiven Einsatzes für diese Welt werden. Zudem sind sie heilsam für die menschlichen Beziehungen. Die Mystik ist kein Weg für einige besonders religiös begabte Menschen, sondern ein Weg, den uns der christliche Glaube anbietet, damit wir uns bei allem, was wir tun und leben, von Gott getragen wissen, uns mit Gott eins fühlen und aus der Einheit mit Gott heraus anders in diese Welt hineingehen und sie gestalten.

Dorothee Sölle, *geboren 1929, gestorben 2003, evangelische Theologin und Schriftstellerin, war eine der weltweit bekanntesten und umstrittensten Theologinnen des 20. Jahrhunderts. Bekannt wurde sie vor allem als Mitbegründerin des »Politischen Nachtgebets« in Köln und durch ihr Engagement in der Friedensbewegung. Kennzeichnend für ihre Mystik war, ähnlich wie bei ihren mittelalterlichen Schwestern, nicht eine vergeistigte Weltfremdheit, sondern ein sehr diesseitszugewandtes Engagement für die am Rand der Gesellschaft Lebenden, die Unterdrückten und Geschundenen, in denen sie das Antlitz Jesu wiedererkannte. Eines ihrer bekanntesten Bücher ist* Mystik und Widerstand. *Eine Werkausgabe gibt der Kreuz Verlag in 12 Bänden heraus (Band 1: Stuttgart 2006, bisher erschienen: bis Band 10)*

Dorothee Sölle war es ein Anliegen, die Mystik zu demokratisieren, aufzuzeigen, dass viele Menschen auf ihrem spirituellen Weg mystische Erfahrungen machen. Auf der anderen Seite darf Mystik auch nicht bagatellisiert werden. Nicht jede religiöse Erfahrung ist eine mystische Erfahrung. Auch hier braucht es die gesunde Spannung zwischen dem Gespür für das Geheimnis jeder tiefen spirituellen Erfahrung und der Offenheit, auch Menschen, die sich nicht als besonders religiös begabt verstehen, Aspekte mystischer Erfahrung aufzuzeigen und ihnen so einen Weg zu weisen, dass Mystik nichts Weltfremdes ist, sondern eine Sehnsucht in jedem Menschen anspricht. Das ist mir in den folgenden Darlegungen wichtig: die Sehnsucht danach zu wecken, mich mit Gott eins zu erleben, und zugleich die Spannung auszuhalten, dass ich diese Erfahrungen nicht einfach herbeizaubern kann.

In den meisten Religionen gibt es den Weg der Meditation, um offen zu werden für das Geheimnis Gottes, das in uns ist und das uns einhüllt. Dieser Weg hat in allen Religionen eine ähnliche Struktur. Er führt über den Atem, auf den ich mich konzentriere und den ich mit einem Wort verbinde. Man spricht vom mantrischen Beten, das im Buddhismus, Hinduismus, Christentum und Islam in ähnlicher Weise geübt wird, aber von jeder Religion auf ihre Weise gefüllt und gedeutet wird. Ich möchte nur kurz die typisch christliche Weise der Meditation beschreiben: das Jesusgebet oder Herzensgebet.

Seit dem 4. Jahrhundert ist das Jesusgebet beliebt. Es ist auch mein persönlicher Weg der Meditation. Beim Einatmen spreche ich still: »Herr Jesus Christus« und beim Ausatmen »Sohn Gottes, erbarme dich meiner!«. Dabei stelle ich mir vor, wie Jesus mich in den inneren Raum der Stille führt, in den Raum, in dem Gott selbst in mir wohnt. Es ist der Raum, den ich auch mit »Reich Gottes« beschreiben kann. »Das Reich Gottes ist in euch«, sagt Jesus (Lukas 17,21). Martin Luther übersetzt es so schön mit: »Das Reich Gottes ist inwendig in euch.« Er hat die Vorstellung von einem inneren Haus. Innerhalb der Wände ist das Reich Gottes, auf der Innenseite der Seele.

Dort, wo Gott in mir herrscht, dort, wo Christus in mir wohnt, ist ein Raum von Liebe und Barmherzigkeit. Liebe ist dabei nicht ein Gefühl, das ich in mir hervorrufen muss. Als ich mit einer buddhistischen Nonne und Zen-Meisterin über die Erfahrung des inneren Raumes sprach, meinte sie, Liebe sei zu anstrengend. Sie verstand unter Liebe ein Gefühl. Sie meinte daher, dass man tiefer gehen müsse in einen Raum der Indifferenz, in dem alles gleich sei. Für mich ist es durchaus der Raum der Liebe, aber Liebe ist nicht ein Gefühl, sondern eine Qualität des Seins. Der Raum ist vom Geist Jesu erfüllt, der Liebe ist, göttliche Liebe, eine Kraft, eine Dimension des Seins, jenseits aller Gefühle. Ich muss mich also nicht zu Gefühlen zwingen, vielmehr will mich das Wort, in dem der Geist Jesu mitschwingt, in das wortlose Geheimnis der Stille in mir führen. Doch dieser wortlose Raum ist nicht einfach leer, sondern erfüllt von der Qualität der Liebe, von der göttlichen Liebe, die nicht in erster Linie ein Gefühl, sondern eine Kraft ist, die mich wandelt und die eine Atmosphäre von Wärme und Barmherzigkeit erzeugt.

Dort, wo Gott in mir herrscht, erlebe ich mich selbst in einer neuen Weise. Mystik ist daher nie nur Gotteserfahrung, sondern immer auch eine neue Weise der Selbsterfahrung. Wo das Reich Gottes in mir ist, bin ich frei von der Macht der Menschen, von ihren Ansprüchen, Erwartungen, Urteilen, von ihrer Ablehnung oder Zustimmung. Dort bin ich auch frei von der Macht des eigenen Über-Ichs mit seinen Selbstentwertungen und Vorwürfen, frei von Leidenschaften wie Angst, Ärger, Eifersucht oder Sorge. Wo Christus, der Heiland, der Heilige in mir wohnt, bin ich heil und ganz. In den inneren Raum der Seele können die Kränkungen, die mir andere zufügen, nicht vordringen. Dort kann mich niemand verletzen. Dort ist der innerste Kern in mir gesund und bin ich *autos*, so wie die stoische Philosophie dieses Wort verstanden hat: ursprünglich, ganz ich selbst, authentisch. Da finde ich mein wahres Selbst, bin ich rein und lauter. Mein innerster Kern ist nicht von Schuld und Sünde infiziert, sondern in ihm leuchtet Gottes Glanz unverfälscht und unbefleckt in mir auf. Wo Gott, das Geheimnis, in mir wohnt, bin ich zu Hause. Heimat entsteht nur, wo das Geheimnis wohnt. Im innersten Raum meiner Seele komme ich bei mir selbst an und zugleich bei Gott. Dort fühle ich mich daheim. Dort ist meine Heimat.

Die Meditation kann mir keine Gotteserfahrung garantieren. Gott lässt nicht über sich verfügen. Aber sie kann mir helfen, bei aller äußeren Unruhe in den inneren Raum der Stille zu gelangen. Manchmal erlebe ich diesen Raum nur als leer. Ein anderes Mal aber ist er voll von göttlicher Liebe und Barmherzigkeit. Dann komme ich in diesem Raum zu mir selbst und zu Gott. Ich erahne für einen Augenblick Gottes heilende, befreiende und liebende Gegenwart in mir. Wichtig ist mir aber, dass der Weg zu diesem inneren Raum nur über die eigene Wahrheit geht. Ich muss durch meine Gedanken und durch meine Emotionen, durch meine Leidenschaften und durch den Schmerz über meine Durchschnittlichkeit hindurch in den Raum der Stille hinabsteigen. Ich begegne also meiner Wirklichkeit, bleibe aber nicht in ihr stecken, sondern gehe durch sie hindurch in den Grund meiner Seele. Dort erahne ich Gott, der auch in mir immer das unverfügbare und unbegreifliche Geheimnis bleibt.

Wer sich mit dem Jesusgebet schwertut, kann auch einen anderen Weg der Meditation versuchen. Er kann zum Beispiel nur dem Atem folgen und sich von ihm in den inneren Raum der Stille führen lassen. Oder er versucht, einfach nur in der reinen Gegenwart zu sein. Wer frei ist von allen Bewertungen und nur im Augenblick ist, kann manchmal erahnen, was es bedeutet, jetzt ganz da zu sein, eins zu sein mit sich, mit allem, was ist, eins zu sein mit diesem einen Augenblick.

Ein anderer Weg, in der Meditation das Geheimnis Gottes und des innersten Selbst zu erfahren, ist der Weg über die Frage: »Wer bin ich?« Wenn ich dieser Frage immer weiter folge, dann werde ich alle vordergründigen Antworten hinter mir lassen. Auf einmal weiß ich nicht mehr, wer ich bin. Ich spüre, dass ich dieses wahre Selbst nicht mehr beschreiben kann. Es mündet in Gott. Nicht nur die Frage »Wer ist Gott?«, sondern auch die Frage »Wer bin ich?« führt letztlich zur

In beinahe jeder Religion gibt es **Formen der Meditation**, *die aber sehr unterschiedliche Ausprägungen haben. Im Christentum sind neben dem Herzensgebet und weiteren Gebeten oder Gebetszyklen wie dem Rosenkranz vor allem die sogenannten Exerzitien (geistliche Übungen, die auf den Ordensgründer der Jesuiten, Ignatius von Loyola, zurückgehen) und der gregorianische Gesang als Meditationspraxis kennzeichnend. Betrachtet man den mönchischen Alltag, der sich in den meisten Klöstern seit seiner Entstehung nicht wesentlich verändert hat, kann er sogar als Ganzes als Meditationsweg bezeichnet werden, da er von festen Gebets- und Meditationszeiten bestimmt ist. Da der Bedarf nach Meditation, nach Zur-Ruhe-Kommen in heutiger Zeit sehr groß ist, sind deshalb viele Klöster dazu übergegangen, »Kloster auf Zeit« anzubieten. Informationen, Adressen und vieles weitere Wissenswerte zu diesem Thema finden Sie im Internet unter www.orden-online.de.*

Wem eine solche Auszeit zu viel ist, kann sich auch bei Meditationswochenenden, Einkehrtagen, Besinnungstagen oder einfach nur beim gemeinsamen oder einsamen Gebet auf den Weg zu dieser Erfahrung machen. Viele katholische und evangelische Akademien oder Gästehäuser bieten diese Kurse heute an. Über »Kloster auf Zeit« oder Meditationswochenenden informiert man sich am besten und schnellsten im Internet. Eine wichtige Adresse ist dabei: www.exerzitien.info, hier finden Sie nicht nur Adressen von Exerzitienhäusern, in denen die Kurse stattfinden, sondern auch sehr viel Hintergrundinformation zum Thema.

Zudem gibt es eine Weltgemeinschaft für christliche Meditation, zu finden unter www.wccm.de. Hier gibt es auch weiterführende Informationen zu verschiedenen Praktiken, Links und Literaturempfehlungen.

mystischen Erfahrung. Mystik ist immer auch die Suche nach dem wahren Selbst. Statt die Frage »Wer bin ich?« ständig zu wiederholen, kann ich auch die positive Aussage meditieren:

»Ich bin ich selbst.« Wenn ich diese Worte in alle Gedanken und Bilder, die in mir auftauchen, hineinspreche, spüre ich, wie es mich in die eigene Tiefe führt, in den Raum, in dem ich ganz ich selbst bin. Ich kann dieses Selbst nicht mehr beschreiben, aber ich ahne, dass dort, wo das wahre Selbst ist, auch Gott ist. Hier bin ich frei, stehe ich nicht mehr unter dem Druck, Gott oder mich selbst erfahren zu müssen. Ich bin dann einfach da und eins mit allem, was ist, mit meinem wahren Wesen und mit dem Geheimnis Gottes, das mich umgibt und auf dem Grund meiner Seele in mir wohnt. Nur dort, wo Gott in mir wohnt, komme ich wirklich in Berührung mit dem wahren Selbst.

Gebet

Mystiker stellen dem äußeren Gebet das innere Gebet entgegen, dem Gebet mit Worten das Gebet der Ruhe. Doch christliche Mystiker wie Franziskus von Assisi und Teresa von Ávila wussten auch, dass uns manchmal das Gebet mit Worten in eine mystische Erfahrung bringen kann. Indem ich das Vaterunser bete oder einen Psalm singe, kann ein Wort auf einmal mein Herz berühren. Dann ist in diesem Wort Gott in mir anwesend, dann wirkt er in diesem Wort. Ich erfahre das unaussprechliche Geheimnis Gottes in dem Wort, das mir gerade über die Lippen geht. Augustinus meinte, das Gebet sei Ausdruck unserer Sehnsucht. Wenn wir die Worte, die wir beten, mit unserer Sehnsucht beladen, dann führen sie uns über die Worte hinaus in das wortlose Geheimnis Gottes. Einerseits kommen wir im Gebet also mit unserer Sehnsucht in Berührung, zugleich stachelt es sie weiter an. In der Sehnsucht nach Gott spüren wir schon Gott.

Jeder macht seine persönlichen Erfahrungen mit dem Gebet. Manchmal beten wir und sind gar nicht in den Worten.

*Ähnlich wie die Meditation gibt es auch in jeder Religion **das Gebet**, das oft genug Bestandteil einer Meditation ist. Die christliche Tradition birgt einen großen Schatz an Gebeten, bestehend aus biblischen Gebeten wie zum Bespiel die Psalmen im Alten Testament oder das Vaterunser im Neuen Testament, und überlieferten Gebeten, die entweder im Zusammenhang mit der Messe stehen (Glaubensbekenntnis, Agnus Dei, Sanctus) oder von großen Gestalten des Glaubens geprägt wurden wie z. B. Dominikus, der nach der Legende bei einer Marienerscheinung den Rosenkranz empfangen hat. Nachzulesen sind diese Gebete im katholischen Gebet- und Gesangbuch* Gotteslob *und im* Evangelischen Gesangbuch. *In beiden findet sich eine Fülle an Gebeten, wobei gerade das evangelische Gesangbuch auch modernere Texte aufgenommen hat, die manchmal den Einstieg ins Beten erleichtern können.*

Manchmal lassen wir die Worte und setzen uns einfach still vor Gott. Teresa von Ávila hat ihren Schwestern aufgetragen, täglich zwei Stunden schweigend vor Gott zu beten, einfach in seiner Gegenwart zu sitzen und das Gott hinzuhalten, was in ihrer Seele auftaucht, ihre Gedanken und Gefühle, ihre Sehnsucht, ihre Liebe, ihre Bedürftigkeit. So ein Gebet der Stille kann zu einer intensiven Gotteserfahrung führen. Es kann aber auch sein, dass ich die zwei Stunden still vor Gott sitze und nur meine eigene innere Unruhe spüre oder an der Ferne Gottes leide. Es gibt dann keinen »Trick«, wie ich im Gebet Gott erfahren könnte. Ich kann nur warten, bis er kommt. Ich kann meine Sehnsucht in Worten oder, wie es Paulus im Römerbrief beschreibt, in Seufzern Gott gegenüber ausdrücken, in der Hoffnung, dass er sie erfüllt. Ich darf aber darauf vertrauen, dass ich in meiner Sehnsucht schon Gottes Spur in meinem Herzen spüren darf.

In jedem von uns ist eine tiefe Sehnsucht, Gott zu erfahren, sich in Gott hinein zu vergessen, in der Stille mit Gott eins zu werden. Dieses Einswerden kann eine personale Erfahrung sein. Ich sitze schweigend vor Gott. Ich lasse mich anschauen und schaue Gott an. Im Schauen vergesse ich mich selbst. Ich fühle mich geliebt, angeschaut und bin einfach nur da.

Das Einswerden kann aber auch als reines Einssein erfahren werden, ohne dass ich ein Du als Gegenüber spüre. Aber auch in diesem Einssein bin ich nicht nur bei mir selbst: Ich fühle mich eingehüllt in das göttliche Geheimnis, erfüllt von göttlicher Liebe. Viele werden dieses Einssein eher apersonal deuten. Als Christen glauben wir, dass es letztlich vom Heiligen Geist bewirkt wird, der uns in die Wahrheit einführt. Gemeint ist damit die Wahrheit im Sinn der griechischen Philosophie, die vom Schleier spricht, der über allem liegt, und der hier weggezogen wird. In dieser Wahrheit erkennen wir die eigene Wahrheit und die Gottes. Wir erahnen, dass wir im Tiefsten eins sind mit Gott, dass der Grund unserer Seele Gott berührt und dass Gott diesen erfüllt.

Gott in der Natur erfahren

In christlichen Kreisen wurden mystische Naturerfahrungen oft abgewertet. Man witterte pantheistische Tendenzen, wenn Menschen sich in der Natur eins fühlten und wenn sie etwas vom Geheimnis des Numinosen darin erfuhren. Doch die großen Mystiker hatten immer auch eine innere Beziehung zur Schöpfung. So war beispielsweise Johannes vom Kreuz fasziniert von den Bergen. Er konnte sie sogar seine Geliebten nennen und in ihnen die Liebe Gottes erkennen. Jakob Böhme und Pierre Teilhard de Chardin – und vor ihnen schon Bernhard von Clairvaux – haben die Natur als Buch gesehen, in dem

Gott zu uns spricht, in dem wir Gott begegnen. In der Natur, so meint Jakob Böhme, schauen wir Gottes Antlitz. Auch in anderen Kulturen begegnen wir Ähnlichem: Die Indios in Peru sind zum Beispiel überzeugt, dass wir Gottes Liebe in der Natur und durch die Natur spüren können. Wenn wir uns in die Nähe eines Baumes stellen, kann uns durch ihn die Liebe Gottes entgegenströmen, der uns väterlich den Rücken stärkt und uns mit seiner Liebe durchdringt.

Jeder hat andere Anwege zur Mystik. Wer in der Natur überwältigt ist von der Schönheit eines Tales, von der Majestät der Berge, von der Zärtlichkeit eines Sonnenuntergangs oder von der Lieblichkeit einer zarten Blume, der erfährt darin das Geheimnis Gottes. Er spürt seine Gegenwart mit all seinen Sinnen: mit seinen Augen, mit seiner Nase und mit seinen Händen. Er weiß sich umgeben von Gottes Nähe und Liebe. Thomas Merton, der amerikanische Trappist, erzählt von einer mystischen Erfahrung, als er in seiner Einsiedelei dem

Das Erlebnis, **Gott in der Natur** *zu begegnen, haben vor allem die Dichter der Epoche des Sturm und Drang und der Romantik in ihren Werken beschrieben. Ein »Paradebeispiel« dafür ist Goethes Buch* Die Leiden des jungen Werthers, *aber auch das bekannte Gedicht von Joseph von Eichendorff,* Mondnacht. *Gesammelt finden Sie einige davon, kombiniert mit eindrucksvollen Bildern, im Band »Weißt du, dass die Bäume reden« von Ludger Hohn-Morisch, Freiburg im Breisgau 2007.*

Heute gibt es von der Evangelischen Kirche in Württemberg eine Initiative »Kirche im Grünen« (www.kirche-im-gruenen.de). Ziel ist es, in Wanderregionen, aber auch in Ballungszentren in der warmen Jahreszeit Gottesdienste an landschaftlich reizvollen Plätzen zu veranstalten, um Gott noch einmal auf eine ganz andere Weise zu erfahren.

Konkrete Wege zur mystischen Erfahrung

Regen zuschaute und zuhörte: »Der Regen umgab die ganze Hütte mit seinem gewaltig-jungfräulichen Mythos, eine ganze Welt voller Geheimnis, voller Gerücht. Stell dir vor: All dieses Reden strömt herunter, verkauft nichts, beurteilt niemanden ... Was für ein Zustand ist das, völlig allein dazusitzen, im Wald, nachts, genährt von diesem wunderbaren, unbegreiflichen, absolut unschuldigen Gerede, der tröstlichsten Sprache in der Welt, der Unterhaltung, die der Regen von selbst macht« (zitiert nach Sölle, 134).

Naturmystik ist ein wesentlicher Teil christlicher Mystik. Wir brauchen ein neues Gespür dafür, dass die Schöpfung vom Geist des Schöpfers durchdrungen ist. Gott ist Person, ein Du, das uns gegenübertritt, aber er ist auch die Liebe und die Energie, die den ganzen Kosmos, das Universum durchdringt. Das ist kein Pantheismus, bedeutet also nicht, dass Gott die Natur ist. Wenn wir schon einen theologischen Ausdruck dafür verwenden wollen, dann wäre es Panentheismus, das heißt, dass die Natur ein unmittelbarer Teil Gottes ist, dass alles in Gott ist. Gott ist nicht das Universum, doch er durchdringt es. Die Naturmystik ist weniger eine personale Mystik des Einswerdens mit dem Du Gottes, sondern entspricht eher der Einheitsmystik. Indem ich mich auf wunderbare Weise eins fühle mit der Natur und darin mit mir selbst, erahne ich auch eine tiefe Einheit mit Gott als dem Grund allen Seins. Das ist eine legitime Art der Mystik, die wir als Christen nicht verurteilen dürfen. Für manche Menschen ist das der eigentliche Zugang zur mystischen Erfahrung. Immer wenn jemand in der Natur das Geheimnis erfährt, das alles durchwest, dann macht er eine Gotteserfahrung, dann ahnt er, was Mystik ist.

Für mich sind es zwei wichtige Aspekte Gottes, die wir in der Natur erfahren können. Zum einen fühlen wir uns dort von der unendlichen Lebenskraft Gottes umgeben und durchströmt.

Hildegard von Bingen spricht von der Grünkraft, von der *Viriditas*, die alles in uns zum Blühen bringt. Wenn ich durch die Natur gehe, fühle ich mich eins mit dem Leben, das stärker ist als der Tod, das sich immer wieder gegen alle menschliche Zerstörung durchsetzt. Ich spüre etwas von der belebenden Kraft Gottes in mir und von seiner Liebe, die mich wie ein zärtlicher Wind durchdringt.

Der andere Aspekt ist das mütterliche Antlitz Gottes. Wir sprechen nicht umsonst von der Mutter Erde. Hier erfahren wir den mütterlichen Gott, der uns trägt. Wenn wir uns auf eine Wiese legen und uns von der Erde tragen lassen, spüren wir diese bedingungslose Liebe des mütterlichen Gottes, der uns ganz und gar annimmt. Die Mutter bewertet nicht. Auch die Natur bewertet uns nicht. Wir gehören dazu. Wir dürfen in ihr sein mit all unseren Fehlern und Schwächen. Das ist für viele Menschen, die sich ständig selbst beschuldigen und die sich dadurch immer mehr von den Menschen isolieren, weil sie sich von ihnen abgelehnt fühlen, heilsam. Die Mutter hegt und pflegt, damit die Kinder zu der Gestalt heranwachsen, die in ihnen grundgelegt ist. So erahnen wir in der Natur nicht den richtenden Gott, von dem wir uns ständig beurteilt fühlen, sondern den Gott, der in uns ist als die Kraft, die uns belebt, als die Liebe, die alles Lebensbehindernde (das, was die Theologie »das Böse« nennt) überwindet, und den Gott, der uns genauso bedingungslos annimmt wie die Natur. Sie lädt uns ein, in ihr zu leben und ihr gemäß zu leben. So erfahren wir Gott in der Natur zugleich als Einladung, unserem Wesen gemäß zu leben, mit der Essenz unserer eigenen Natur in Berührung zu kommen und sie zu entfalten.

Die Naturmystik ist nicht einfach nur ein Schwelgen in schönen Naturerlebnissen. Vielmehr fordert sie uns auch heraus, anders mit der Natur umzugehen. Wenn ich eine tiefe innere

Beziehung zur Natur spüre, kann ich sie nicht ausbeuten, sondern werde sie mit Ehrfurcht behandeln. Dann gehe ich behutsam und achtsam mit ihr um. Die Mystik führt immer auch zu politischem Verhalten. Und umgekehrt braucht unser Engagement für die Bewahrung der Schöpfung die mystische Dimension, sonst wird sie zu einem Moralismus, der allen nur ein schlechtes Gewissen einimpft, aber unsere Beziehung zur Natur letztlich nicht verändert.

Gott in der Liebe, im Eros begegnen

Wie wir oben gesehen haben, haben vor allem die Frauen des Mittelalters die mystische Erfahrung zumeist in einer erotisch geprägten Sprache beschrieben. Wenn wir ihre Erfahrungen in unsere heutige Realität übersetzen, so verweisen sie uns auf eine neue Beziehung zur Erotik, Sexualität und zur menschlichen Liebe. Da Sexualität und Liebe schon sehr fest geprägte Begriffe sind, plädiert Dorothee Sölle dafür, die Erotik als den Ort mystischer Erfahrung zu verstehen: »Mystische Erfahrung ist ohne Erotik nicht denkbar – und zumindest nicht sagbar« (Sölle 151). Die Frauen im Mittelalter, vor allem die Beginen, wurden deshalb auch oft der Häresie verdächtigt. Ähnliches geschieht heute: Theologen haben immer Bedenken, wenn man Sexualität und Spiritualität miteinander verbinden möchte. Und doch zeigt die christliche Tradition, dass ohne diese innere Verbindung keine lebendige Spiritualität möglich ist. Marguerite Porète hat die Liebe zu dem fernnahen Bräutigam beschrieben. In ihrem Buch *Spiegel der einfachen, vernichteten Seelen und jener, die einzig im Wollen und Verlangen nach Liebe verweilen* hat sie diese mystische Liebe zu Jesus Christus beschrieben. Doch dafür wurde sie am 1. Juni 1310 in Paris als Ketzerin bei lebendigem Leib verbrannt. Es

Zum Weiterlesen über **Mystik und Eros**
Anselm Grün, Gerhard Riedl, Mystik und Eros, Münsterschwarzach 2008

war damals gefährlich, in diesen Worten von der eigenen mystischen Erfahrung zu berichten. Allzu viele unterdrückte Fantasien zölibatärer Kleriker wurden auf sie projiziert, die nichts anderes wollte, als Jesus Christus zu lieben.

Es gibt zwei Wege, Mystik und Eros zu verbinden. Der eine ist, die Sexualität zu Ende zu denken. Welche Sehnsucht steckt in der Sexualität? Diese versuche ich, auf Christus zu richten. Ich lebe die Sexualität nicht aus, sondern ich lasse mich auf sie ein, um in ihr die Kraft zu entdecken, die mich über mich hinausführt und meine Seele sich ausstrecken lässt, um in der Ekstase der Liebe mit Gott oder mit Christus eins zu werden. Das ist eine Sublimierung der Sexualität und des Eros und eine Integration in den mystischen Weg. Dieser Weg wird vor allem von ehelosen Menschen begangen. Ehelosigkeit um des Himmelreiches willen, wie sie zahlreiche Ordensleute und Priester leben, ist nur dann wirklich lebbar, wenn sie in eine mystische Spiritualität mündet. Das, was wir in der Beziehung zu einer Frau oder einem Mann spüren, soll in die Beziehung zu Gott und zu Jesus Christus münden. Dabei darf die Beziehung zu Christus nicht zu einem Ersatz für menschliche Freundschaft werden. Ich muss erst die Wunde betrauern, dass ich nicht verheiratet bin und keine sexuelle Beziehung habe, dann komme ich in den Grund meiner Seele. Dort ahne ich, dass die tiefste Sehnsucht über die Liebe zu einem Menschen hinausgeht und letztlich Gott meint. Aber trotz dieser Sehnsucht bleibt das menschliche Bedürfnis nach Zärtlichkeit und Liebe. Ich stelle mich diesem Bedürfnis, bin dankbar, wenn ich auch menschliche Nähe und Liebe erfahre, aber ich weiß, dass das nicht meine letzte Sehnsucht erfüllt. Ich halte die Wunde offen, damit sie mich immer mehr für die unbegreifliche Liebe Gottes öffnet.

Der andere Weg ist der, die konkreten Erfahrungen menschlicher Liebe anzuschauen und sie auf das Geheimnis der göttlichen Liebe hin zu transzendieren. Dorothee Sölle zitiert hierzu den Roman von D. H. Lawrence, *The Rainbow*, in dem er die Ekstase zweier Liebenden beschreibt, die sie über ihre eigene Begrenzung als Person hinaushebt. Doch die Liebesgeschichte endet mit den Worten: »Es ist zu Ende, es war ein Fehlschlag« (zitiert nach Sölle, 166). Der Grund für dieses Ende ist keine Krise von außen, sondern die Erfahrung, dass die beiden sich fast vollständig kennen und nichts Neues mehr am anderen zu entdecken ist. Weil sie die Beziehung zum Unbekannten, zum Geheimnis des anderen verloren haben, ist ihre Liebe zum Scheitern verurteilt. Damit die menschliche Liebe gelingen kann, braucht es das Geheimnis, das beide übersteigt, braucht es »diese Andersheit, dieses Dunkel mitten im Licht«. Sölle folgert aus dieser Erfahrung: »Die mystische Liebe zu Gott hält beides zusammen, das, was uns erzittern macht, und das, was nicht aufhört, uns zu faszinieren« (ebd., 168). Hier ist die mystische Liebe zu Gott kein Gegensatz für die Liebe von Mann und Frau, sondern im Gegenteil die Ermöglichung echter Liebe. Weil der Partner oder die Partnerin von meinen Erwartungen nicht überfordert wird, kann ich ihn oder sie wirklich lieben und darin das unendliche Geheimnis der göttlichen Liebe erahnen. Hans Jellouschek, ein bedeutender Paartherapeut, erklärt das damit, dass in der Liebe ein »Transzendenzpotenzial« steckt: Die Liebe zweier Menschen hat in sich immer schon etwas, das die beiden übersteigt und auf die absolute Liebe Gottes verweist. Die Liebe zwischen Mann und Frau gelingt nur, wenn sie sich dieses Potenzials bewusst werden, das in ihrer Sexualität steckt. Dann erfahren Mann und Frau im sexuellen Einswerden zugleich ein Über-sich-hinaus-Schreiten in die unendliche Liebe Gottes hinein.

Die Mystik ist also nicht etwas Weltfremdes und etwas, das uns vom Partner oder von der Partnerin entfernt, sondern das Geheimnisvolle, das unsere menschliche Liebe lebendig hält. Das Wissen um das Geheimnis Gottes hält auch das Geheimnis des geliebten Menschen wach. Er bleibt der Fernnahe, den wir immer zu lieben vermögen, weil er sich uns immer wieder entzieht und uns zugleich anzieht. Damit die Liebe zwischen zwei Menschen gelingt, muss sie »eine Art von Gegenseitigkeit aufbauen, in der die Unbekanntheit des Bekannten, die Andersheit der anderen erhalten bliebe. Nur so könnte sie Anteil geben an einer ›sacred power‹, einer geteilten Macht des Heiligen« (ebd., 170). In einer Welt, die kein Gespür für das Geheimnis Gottes hat, stirbt auch das Geheimnis des anderen Menschen, stirbt letztlich auch die Liebe, oder, wie Dorothee Sölle sagt, sie ermäßigt sich zu einem gnadenlosen Funktionalismus.

Die Erfahrung, die Dorothee Sölle beschreibt, zeigt mir, wie wichtig beide Formen der Mystik sind: die Einheitsmystik und die Liebesmystik. Ein Therapeut erzählte mir, dass er bei manchen Klientinnen den Eindruck habe, sie würden ihre Beziehungsunfähigkeit religiös überhöhen, indem sie von Einheitsmystik schwärmten. Sie sind nicht bereit, ihre Beziehungsprobleme zu betrauern, sondern flüchten sich in eine Spiritualität, die ihnen verheißt, sie würden mit Gott verschmelzen und darin würde sich ihr Ego auflösen. Doch solche Vorstellungen heilen nicht, sondern verfestigen nur die Beziehungslosigkeit. Sie sind eine Kompensation, aber keine Verwandlung. Wenn ich meine Beziehungslosigkeit betraure, kann ich den mystischen Weg durchaus als heilenden Weg erfahren. Aber ich darf meine eigene Situation nicht überspringen.

In der Trauer um meine Einsamkeit kann dann vielmehr eine Ahnung erwachsen, dass ich auf dem Grund meiner Seele eins bin mit Gott. Der Weg der Verwandlung kann über diese tiefe Einheitserfahrung gehen oder aber über die Erfahrung einer menschlichen Beziehung, die mich über mich hinausführt und mich letztlich zur Liebe Gottes gelangen lässt. Ich verachte dann nicht meine menschliche Bedürftigkeit nach Freundschaft und Partnerschaft, indem ich mich in die Mystik flüchte, sondern ich nehme sie wahr und lasse mich von ihr über mich hinaus in das Geheimnis der unbegreiflichen Liebe Gottes führen.

Einheitsübungen

Manchmal machen wir die Erfahrung von Einssein, ohne dass wir uns darauf vorbereitet haben. Sie überkommt uns im Urlaub, wenn wir ganz im Schauen sind, uns ganz eins fühlen mit der Umgebung. Sie überfällt uns beim Hören von Musik. Manchmal machen wir auch mitten in der Arbeit plötzlich die Erfahrung, dass wir ganz bei uns selbst sind, ganz eins mit uns und auch mit den Menschen, mit denen wir gerade zusammen sind. All das sind letztlich mystische Erfahrungen, auch wenn wir sie nicht in einer frommen Sprache beschreiben und auch wenn wir Gott darin nicht genau orten können. Dennoch ist jede Erfahrung absoluten Einsseins immer auch eine Erfahrung des Einsseins mit Gott, dem Grund allen Seins. Gott ist die Tiefe dieser Einheitserfahrung.

Trotz aller göttlichen Überraschungen, mit denen wir immer rechnen sollten, gibt es auch Wege zur Erfahrung dieses Einsseins: Ich lege mich auf die Wiese, lasse mich von ihr tragen und versuche einfach nur in diesem Gefühl zu sein. Ich höre das Rauschen des Windes, das Singen der Vögel, das

Zirpen der Grillen. Ich versuche, ganz in meinen Sinnen zu sein. In dieser Offenheit darf ich manchmal die Erfahrung machen, mich selbst zu vergessen, nicht mehr über mich nachzudenken, auch nicht zu fragen, ob ich jetzt eine mystische Erfahrung mache, sondern einfach nur da zu sein, ohne Warum. Das ist für Meister Eckehart das Wesen mystischer Erfahrung: »Sunder warumbe«, Da-sein ohne Warum.

Kleine Anleitung zu einer Einheitsübung:

Ich sitze auf meinem Sessel, achte auf meinen Atem, lasse alles, was in mir ist, aufsteigen. Alles darf sein. Zugleich stelle ich mir vor, dass Gottes Liebe mich einhüllt. Ich spüre mich in meinem Leib. Ich bin eins mit mir selbst, mit allem, was ist, mit dem Grund des Seins, mit Gott – für jeden wird der Weg zu dieser Einheit anders sein. Der eine achtet nur auf den Atem, der andere spürt seinen Leib, versucht in ihn hineinzuspüren, bis auf den Grund der Seele. Dort im Innersten fühlt er sich eins mit allem, was ist.

Solche Erfahrungen sind nichts Besonderes. Ich setze mich nicht unter Druck, habe keine Visionen. Ich höre kein Wort von Gott, und doch ist in dieser Erfahrung von Frieden, von Einssein etwas da, was ich nicht mehr benennen kann. Es ist letztlich die Erfahrung des Geheimnisses, das ich bin, das mich umgibt und das zugleich in mir ist.

Liturgie

Die Mystik der Kirche im ersten Jahrtausend war immer Kultmystik, das heißt: Die Liturgie, also das Ritual der Messfeier, war der Ort, an dem die Gläubigen Gottes Nähe erfahren haben, an dem sie mit ihm in der Kommunion eins geworden sind. Die Frauenmystik war weitgehend auch eucharistische Mystik: Im Kosten von Brot und Wein empfingen sie Leib und Blut Christi und genossen dabei in einer Ekstase des Schmeckens die menschgewordene Liebe Gottes. Die Kommunion war für sie der Höhepunkt mystischer Erfahrung. Sie sprachen von der Süßigkeit Gottes (*Dulcedo dei*), die sie dort gespürt haben. Oft genug haben die Mystiker aber auch während der Liturgie der Vigil, der Vesper oder der Eucharistiefeier eine mystische Erfahrung von Gottes Nähe gemacht.

Heute leiden viele Christen daran, dass sie die Liturgie oft als leer erleben, als geistlos. Sie suchen anderswo nach spirituellen Erfahrungen. Und doch könnte auch jetzt noch die Liturgie ein Ort mystischer Erfahrung sein. Dabei geht es nicht darum, alles anders zu machen. Auf der einen Seite braucht es sicher eine würdige Feier der Liturgie, zum anderen auch eine Mystagogie, eine Einführung in das Geheimnis der Rituale. Aber auch der Gottesdienstbesucher selbst muss eine Offenheit dafür mitbringen. Ich habe in meinen fünfundvierzig Klosterjahren lange Gottesdienste erlebt, Christmetten und Osternächte, die über drei Stunden dauerten. Wenn ich mich einfach der Liturgie überlasse, dem Singen, dem Hören, den Ritualen, dann erfahre ich oft ein Freiwerden von mir selbst, ein Zurückbleiben des eigenen Ego. Auf einmal bin ich ganz präsent. Manchmal trifft dann ein Wort, ein Gesang mein Herz, sodass ich spüre: Das ist die Wahrheit. Manchmal steigen in mir Tränen auf, weil ein Wort mich in der Tiefe berührt hat. Das sind dann für mich mystische Erfahrungen. Ich habe jahrelang mit Jugendlichen bewegende Gottesdienste gefeiert. Da gab es Augenblicke intensivster Gotteserfahrung. Man spürte, wie die Gemeinschaft der Betenden, Singenden, Tanzenden und Schweigenden eine Atmosphäre schuf, in der Gott gleichsam greifbar wurde.

Zum Weiterlesen

Anselm Grün, *Die Eucharistiefeier – Verwandlung und Eins- werden*, Münsterschwarzach 2002.

Josef Ratzinger, *Das Fest des Glaubens. Versuche zur Theologie des Gottesdienstes*, Einsiedeln 1981.

Klaus-Peter Jörns, *Lebensgaben Gottes feiern: Abschied vom Sühneopfermahl*, Gütersloh 2007

Luise Schottroff, Andrea Bieler, *Das Abendmahl. Essen, um zu leben*, Gütersloh 2007

Christiane Bundschuh-Schramm (u. a.), *Eine Zeit zum Suchen. Neue Gottesdienstformen*, Ostfildern 2003

Andrea Schwarz, *Die Messe verstehen in 15 Schritten. Ein Durch- blickbuch für Neugierige*, Freiburg im Breisgau 2009

Wenn ich mit Gläubigen über die Gottesdienste der Kirche spreche, dann höre ich meistens die Klage, dass immer weni- ger in die Kirche gehen oder dass die Gottesdienste an ihnen vorüberziehen. Sie spüren keine geistliche Kraft darin. Man- che meinen dann, man müsse die Messe heute ganz anders ge- stalten. Sicher ist an diesem Wunsch etwas dran. Die Gottes- dienste brauchen eine Atmosphäre der Dichte, der Echtheit, der Spiritualität. Manchmal habe ich aber den Eindruck, dass wir unseren Gottesdiensten zu wenig zutrauen. Wenn wir den einfachen Sonntagsgottesdienst würdig feiern, kann er durchaus zum Ort der Gotteserfahrung werden. Wir tauchen in einen heiligen Raum ein, der uns befreit von all den Ver- pflichtungen während der Woche. Wenn wir in dieser Offen- heit auf die Worte hören, mit ganzem Herzen die Lieder mit- singen und uns auf die Stille einlassen, dann können wir auch im schlichten Gottesdienst eine intensive mystische Erfahrung machen.

Die Gottesdienste waren schon in der frühen Kirche immer mit Gesängen angereichert. Von Ambrosius wird erzählt, dass er Hymnen gedichtet und komponiert habe. Die Christen haben diese Hymnen so begeistert gesungen, dass viele neugierig wurden und sich taufen ließen. Heute wird die Kirchenmusik oft vernachlässigt. In Dorfkirchen hat man früher begeistert mitgesungen, sodass eine Atmosphäre entstand, die manchem eine Gänsehaut verursachte. Heute trauen sich viele nicht mehr mitzusingen. So entsteht keine Kraft, die alle miteinander verbindet. Einige haben Angst, im Singen Gefühle zu zeigen. Aber so kann ihre Seele nicht in Bewegung kommen. Manche Gemeinden haben noch eine Kultur des Gesanges oder engagierte Chöre, die mit ihrem Singen die Menschen

Zum Thema **Gotteserfahrung und Musik** *gibt es eine schöne Novelle von Heinrich von Kleist,* Die heilige Cäcilie oder die Gewalt der Musik. *In dieser Erzählung wendet die Orgelmusik während der Messe sogar das Böse ab.*

Zum Weiterlesen:

Anselm Grün, Höre und deine Seele wird leben, Münsterschwarzach 2008.

Stefan Jürgens, Der Klang des Himmels. Ein Lesebuch für Freunde der geistlichen Musik, Freiburg im Breisgau 2008

Aufführungen geistlicher Musik werden Sie vor allem in der Fasten- und Osterzeit sowie in der Advents- und Weihnachtszeit in den Kirchen vor Ort, aber auch in den Kathedralen und Domen erleben können.

Der gregorianische Choral ist sicher die bekannteste Art geistlicher/mystischer Musik. In München gibt es ein »Haus für Gregorianik« (www.gregorianik.org), in dem Interessierte Sänger und Gottsucher herzlich willkommen sind.

berühren. Wir sollten in der Kirche der verwandelnden und heilenden Kraft der Musik wieder neu vertrauen. Dann werden die Menschen auch während des Gottesdienstes wieder Gott erfahren können.

Die Musik im Gottesdienst kann uns für Gott aufschließen und so zum Ort mystischer Erfahrung werden. Manchmal ist es aber auch ein Konzert, das uns tief bewegt. Das gilt vor allem für Konzerte, in denen geistliche Musik aufgeführt wird. Eine Bachkantate kann zum Ort werden, an dem mein Herz von Gott berührt wird. In unserer Abteikirche haben wir jedes Jahr ein großes Konzert. Bei der Aufführung der Auferstehungssymphonie von Gustav Mahler hat gerade beim Chor »Aufersteh'n, ja aufersteh'n wirst du, mein Staub« die Sonne einen hellen Schein über dem Kreuz aufstrahlen lassen. Durch den Chor ging ein Ruck. Ein Besucher meinte, dieses Konzert sei für ihn die tiefste Gotteserfahrung in der Musik gewesen.

Eine Musikerin erzählte mir, wenn sie meditiere, kämen ihr immer Melodien in den Kopf. Es hat wenig Sinn, dass sie sich nur auf die Stille konzentriert und mit aller Gewalt still werden will. Die Melodien, die in ihr auftauchen, öffnen sie für Gott. Die Musik ist für sie der Ort, an dem sie ihn erfährt. Sie meint, die Musik erhebe sie zu einer Atmosphäre des Unaussprechlichen, das sie nur mit Gott bezeichnen könne.

Gnadenerfahrungen

Karl Rahner hat für mich einen wunderbaren Artikel über die Gnadenerfahrungen im Alltag geschrieben. Er schildert alltägliche Situationen, in denen wir etwas erfahren, was uns über uns hinausführt, was letztlich Gott ist oder Gottes Gnade. Er nennt die Erfahrung der Gnade die »Heimsuchung des

Heiligen Geistes des dreifaltigen Gottes« (Rahner III, 105). Um uns auf die Erfahrungen der Gnade aufmerksam zu machen, stellt Rahner folgende Fragen: »Haben wir schon einmal geschwiegen, obwohl wir uns verteidigen wollten, obwohl wir ungerecht behandelt wurden? Haben wir schon einmal verziehen, obwohl wir keinen Lohn dafür erhielten und man das schweigende Verzeihen als selbstverständlich annahm? ... Haben wir schon einmal versucht, Gott zu lieben, dort, wo keine Welle einer gefühlvollen Begeisterung einen mehr trägt, wo man sich und seinen Lebensdrang nicht mehr mit Gott verwechseln kann, dort, wo man meint zu sterben an solcher Liebe, wo sie erscheint wie der Tod und die absolute Verneinung, dort, wo man scheinbar ins Leere und gänzlich Unerhörte zu rufen scheint, dort, wo es wie ein entsetzlicher Sprung ins Bodenlose aussieht, dort, wo alles ungreifbar und scheinbar sinnlos zu werden scheint?« (ebd., 106). Wenn wir diese Fragen mit Ja beantworten können, dann – so meint Rahner – haben wir die Erfahrung der Gnade, die Erfahrung des Geistes, die Erfahrung des dreifaltigen Gottes gemacht, der uns in seinem Heiligen Geist berührt und uns zu diesem uns sonst fremden Verhalten befähigt hat. Doch wir können diese Gnade nicht besitzen. »Man kann sie nur suchen, indem man sich vergisst, man kann sie nur finden, indem man Gott sucht und sich in selbstvergessender Liebe ihm hingibt« (ebd., 109).

Heilige Schrift

Die Mystik der frühen Kirche war zum großen Teil Schriftmystik, das heißt, die Kirchenväter haben ihre mystische Theologie in der Auslegung der Heiligen Schrift entfaltet. Aber sie haben auch beim Meditieren der Bibel ihre tiefsten geistlichen

Erfahrungen gemacht. Die Voraussetzung dafür, dass die Bibel zum Ort mystischer Erfahrung werden kann, ist jedoch ein bildhaftes Auslegen derselben. Ich lese die Bibel nicht, um ein Wissen zu erlangen, sondern, wie Gregor der Große sagt, um in Gottes Wort Gottes Herz zu finden. Wir sind heute so intellektuell geprägt, dass wir beim Lesen immer unseren Verstand anstrengen. Es geht aber darum, sich vom Wort in das Geheimnis des wortlosen Gottes hineinführen zu lassen. Doch wie kann das gehen?

Ein Weg, die Bibel als einen Ort der mystischen Erfahrungen zu erleben, könnte so aussehen: Ich lese ganz langsam die Worte der Schrift. Ich versuche, sie in mein Herz fallen zu lassen. Ich »kaue« gleichsam die Worte und stelle mir vor: Wenn dieses Wort stimmt, wenn dieses Wort die reine Wahrheit ist, wie erfahre ich mich dann jetzt in diesem Augenblick, welche Ahnung von Gott taucht in mir auf? Ich lasse alles Nachdenken über das Wort und vertiefe mich vielmehr in es. Ich lasse das Wort in mich eindringen, damit es mich prägt. In solchen Augenblicken kann ich erleben, dass es mich in eine Stille führt, die ich nicht mehr beschreiben kann. Im Wort hat mich Gott berührt. Ich denke aber nicht über Gott nach. Ich bin einfach nur da, trotzdem durchdrungen vom Wort, von Gottes Geist, der in diesem Wort in mich eingeströmt ist.

Wir können die mystische Erfahrung durch das Bibellesen nicht erzwingen. Aber wenn wir in dieser Offenheit darin lesen, können uns die Worte der Heiligen Schrift manchmal in die Tiefe Gottes hineinführen. Es ist immer ein Geschenk Gottes, wenn mich sein Wort berührt, wenn ich ihn selbst im Wort vernehme und wenn er mir darin nahekommt. Hier erahne ich, was es heißt, dass Gott Person ist. Etwas Unpersönliches kann nicht sprechen. Im Wort erlebe ich den Sprechenden, auch wenn ich kein Bild von ihm habe. Doch ich spüre das Du, das mich anspricht, das mich persönlich meint. Person

Zum Weiterlesen:

Stefan Kiechle, *Größer als unser Herz. Biblische Meditationen – Exerzitien im Alltag*, Freiburg im Breisgau 2005

Horst Kl. Berg, *Der Himmel geht über allen auf. Biblische Reden und Meditationen*, Stuttgart 2005

Anselm Grün, *Spiritualität. Damit mein Leben gelingt*, Münsterschwarzach 2008.

Reihe »Bibel leben« aus dem Herder Verlag (insgesamt 9 Bände). Aktuelle Neuerscheinung dieser Reihe: Anton Rotzetter, *Ich will das Morgenrot wecken. Die Botschaft der Psalmen*, Freiburg im Breisgau 2009

Biblische Meditationen sind auch oft Gegenstand von **Exerzitien** (siehe im Netz: *www.exerzitien.info*). Auch hierzu gibt es viel Literatur. Eine Auswahl:

Andrea Schwarz, *Wie ein Gebet sei mein Leben. Exerzitien im Alltag*, Freiburg im Breisgau 2002

Piet van Bremen, *Was zählt, ist die Liebe. Exerzitien für den Alltag*, Freiburg im Breisgau 2005

Ursel Isensee, Anneliese Wohn, *Du führst mich hinaus ins Weite*, Freiburg im Breisgau 2008

Gisela Ibele, Therese Nolte, *Mehr Himmel wagen. Nicht-alltägliche Exerzitien*, Freiburg im Breisgau 2007

kommt von lateinisch *personare* = durchtönen. Die Stimme Gottes dringt im Wort in mich ein. Das Wort ist nicht nur eine Information, sondern etwas, das mich anspricht, damit ich antworte. So wird die Erfahrung des Wortes immer auch zu einer Erfahrung meiner eigenen Person. Ich bin angesprochen, herausgefordert, eine Antwort zu geben mit meiner ganzen Existenz.

Im Mittelalter gab es eine weit verbreitete Form der Mystik: die Passionsmystik. Heute tun wir uns damit eher schwer, denn manchmal suchten die Mystiker sogar direkt das Leiden, sodass das Ganze einen masochistischen Zug bekam. Aber dennoch ist auch in dieser Mystik eine wichtige Sehnsucht des Menschen angesprochen: die Sehnsucht, dass das Leiden nicht einfach nur das schwer zu Ertragende ist oder dass ich durch das Leiden nicht bestraft werde. Die Passionsmystik ist ein Weg, das Leid des Menschen, das wir uns nicht aussuchen, sondern das uns von außen trifft und unsere Vorstellungen vom Leben durchkreuzt, in einen Ort der Gotteserfahrung zu verwandeln.

Die Passionsmystik hat vier Aspekte. Der Erste ist der, dass die Mystiker und Mystikerinnen die Passion Jesu meditiert haben, weil sie in seinem Leiden den höchsten Ausdruck seiner Liebe sahen. In der Wieskirche in Steingaden entstand beispielsweise eine Wallfahrt zum gegeißelten Heiland. Offensichtlich haben sich die Menschen danach gesehnt, die Liebe Jesu in dieser Leidensgestalt leibhaft wahrzunehmen. Sie waren der Überzeugung: Wenn Jesus so viel für mich gelitten hat, wie groß muss dann seine Liebe sein!

Der zweite Aspekt der Passionsmystik war die Bereitschaft zur *Compassio* (Mitleiden). Die Christen haben das Leiden Jesu meditiert, um selbst offen zu werden für das Leid, das sie um sich herum wahrnahmen: das der unterdrückten Leibeigenen, das Leid der Kranken, der Armen, der Entrechteten. Das Leiden Jesu hat sie also empfindsam gemacht für das Leiden der Welt. Indem sie zur *Compassio* bereit waren, haben sie nicht nur die Gemeinschaft mit Christus in seiner Passion erlebt, sondern auch die Gemeinschaft mit den Leidenden ihrer Zeit. Das hat zu einer tiefen inneren Verbundenheit mit der ganzen Welt geführt.

Der dritte Aspekt war nicht nur die *Compassio* mit den Leidenden dieser Welt, sondern mit Christus selbst. Die Mystikerinnen und Mystiker wollten in ihrem Leiden eine Antwort auf die Liebe Jesu geben. So sagt Teresa von Ávila: »Wenn du, o Herr, dies alles für mich leiden willst, was leide ich für dich? ... Wohin du das Kreuz trägst, dahin will ich es mittragen« (Zitiert bei Gemma Hinricher, Kreuzesmystik, LexSpir 735). Hier sehen die Frauen im Mitleiden mit Christus ihren Weg zur mystischen Einigung mit ihm. Bei Franz von Assisi ist diese Sehnsucht nach *Compassio* so groß, dass er sich die Wundmale Jesu am eigenen Leib wünscht. Er wurde tatsächlich zum Stigmatisierten, wohl dem ersten der Religionsgeschichte, das heißt, er trug die Wundmale Jesu am eigenen Leib. Für ihn war das eine Auszeichnung. Wir tun uns mit diesem Verlangen, es im Leiden Christus gleich zu tun, schwer. Doch Franziskus hat sich die Wunden nicht selbst beigebracht. Er hat sich so in die Liebe Jesu hineinmeditiert, dass sich diese in den Wundmalen auch körperlich ausgedrückt hat.

Der vierte Aspekt der Passionsmystik ist der, unser Leiden, das wir nicht suchen, sondern das uns von außen widerfährt, als einen Ort zu verstehen, der uns nicht von Gott trennt, sondern der uns für Gott aufbricht und uns letztlich tiefer in die Gemeinschaft mit Gott führt, der uns ihn als die Liebe erfahren lässt, die stärker ist als das Leid. Für Heinrich Seuse besteht die Passionsmystik darin, das Leiden, das uns von außen trifft, zu einem Mitleiden mit Christus zu verwandeln. Indem ich mein Leiden annehme und in Gemeinschaft mit Christus Gott gleichsam als Fürbitte hinhalte, wird es verwandelt. Ich muss nicht mehr voller Bitterkeit dagegen kämpfen, sondern erlebe es als einen Ort der Liebe, an dem ich immer tiefer in die Gemeinschaft mit dem leidenden und gekreuzigten Christus hineinwachse und zugleich offen werde für meine Brüder und Schwestern. Ich sehe in meinem zunächst sinnlos erscheinenden Leiden einen Sinn. In unserer Zeit hat das der Dichter Reinhold Schneider am eigenen Leib erfahren. Er hatte immer mit Krankheiten zu kämpfen, die Depression war eine ständige Bedrohung für ihn. Sein Leiden drückte sich aber auch in tiefen Glaubenszweifeln aus. Auf der einen Seite war er der gläubige Mensch, der anderen mit seinen Sonetten Mut zum Glauben geschenkt hat. Auf der anderen Seite war er angefochten durch Trostlosigkeit, Glaubenszweifel und Hoffnungslosigkeit. Doch er weigert sich, die Narkose eines sicheren Glaubens in Anspruch zu nehmen: »Besser in der Agonie als in der Narkose« (Reinhold Schneider, Winter in Wien, Freiburg 1958, 242). Für ihn hat der Glaube nur noch den Weg durch das Grab. »Sein Leben ist die geheimnisvolle, die unterirdische Agonie, sein Ort die Kapelle der Todesangst Christi« (ebd., 188).

Zum Weiterlesen:

Johannes B. Brantschen, Warum gibt es Leid? Die große Frage an Gott, Freiburg im Breisgau 2009

Gisbert Greshake, Warum lässt uns Gottes Liebe leiden?, Freiburg im Breisgau 2007

Reinhard Abeln, Wenn du meinst, es geht nicht mehr. Vom Umgang mit dem Leid, 2007

Monika Renz, Grenzerfahrung Gott: Spirituelle Erfahrungen in Leid und Krankheit, Freiburg im Breisgau 2006

Monika Nemetschek, Schattenseiten des Lebens – und wo bleibt Gott? In Krankheit und Leid nicht allein, Innsbruck 2006

Carlo Carretto, Warum, Herr? Erfahrungen der Hoffnung über das Geheimnis des Leids, Freiburg im Breisgau 1989

Dorothee Sölle, Leiden, Stuttgart 2003

Anselm Grün, Womit habe ich das verdient? Die unverständliche Gerechtigkeit Gottes, Münsterschwarzach 2005

Konkrete Wege zur mystischen Erfahrung

Wenn wir die Passionsmystik von ihrem masochistischen Anteil befreien, der bei manchen Mystikern aufscheint, dann ist sie auch heute eine höchst aktuelle Antwort auf unsere Erfahrung von Leid, von Trostlosigkeit, von fehlendem Glauben und Gottferne. Sie zeigt uns, dass auch solche Orte, die uns anscheinend von Gott trennen, von Gottes Gegenwart erfüllt sind, und dass wir gerade an solchen Orten, an denen uns jede innere und äußere Sicherheit genommen wird, aufgebrochen werden für die unbegreifliche Liebe Gottes, die uns gerade in der Passion seines Sohnes aufleuchtet und die auch unser Leid zu verwandeln vermag.

Nacht

Ein anderes Problem, unter dem viele Menschen heute leiden, ist die Depression. Ich möchte jetzt nicht ihre vielen Formen aufzählen oder auf die Wege eingehen, wie sie geheilt oder verwandelt werden kann. Ich möchte nur auf die »Mystik der dunklen Nacht« eingehen, die eine Antwort sein kann auf die bittere Erfahrung der Dunkelheit, wie sie heute viele Depressive erleiden. Diese Form der Mystik gibt auch diesen Menschen Hoffnung, dass ihre Depression nicht nur und nicht immer eine Krankheit ist, sondern dass sie durchaus auch zum Ort einer mystischen Erfahrung werden kann.

Die Nacht gilt in allen Religionen als eine heilige Zeit. Die wichtigsten Gottesdienste feiert man in der Nacht, in der Weihnacht oder in der Osternacht. Die Mönche haben die Nacht als die Zeit ihrer tiefsten Gotteserfahrungen verstanden und versucht, gerade in der Nacht zu wachen und zu beten. Wenn alles dunkel ist, werden wir nicht abgelenkt von äußeren Dingen. Es ist ein Paradox, dass gerade in der Dunkelheit der Nacht das Licht Christi im eigenen Herzen aufgehen kann. Das ist die Hoffnung der Mönche, die die Einsamkeit der Nacht lieben.

In der Geschichte der christlichen Mystik war es vor allem Johannes von Kreuz, der über die dunkle Nacht der Seele und des Geistes geschrieben hat. Für ihn ist sie ein Ort der Läuterung. Alle menschlichen Projektionen von Gott verdunkeln sich. Alles, was die Theologie von Gott sagt, entschwindet unserem Denken. Alles wird dunkel. Aber gerade so werden wir frei von unseren eigenen Ideen von Gott, und Gott selbst kann uns in seinem Wesen berühren. Dabei ist die Nacht nie nur ein Durchgang. Vielmehr wird der Weg des Glaubens immer wieder durch die Nacht führen, bis für immer der ewige Tag anbricht, der keinen Abend kennt.

Die dunkle Nacht, von der Johannes vom Kreuz spricht, ist nicht identisch mit der Depression. Es wäre auch nicht hilfreich, wenn jeder, der an Depressionen leidet, sie als dunkle Nacht interpretieren wollte. Dann würde er sich nicht wirklich dem stellen, was ihm die Depression sagen möchte. Die erste Frage ist immer, welche Botschaft in der Depression an mich selbst geht. Oft sagt sie mir, dass ich mein Maß überschritten

Zum Weiterlesen:

Johannes vom Kreuz, Die dunkle Nacht, übersetzt von U. Dobhan, E. Hense, E. Peeters, Freiburg im Breisgau 2007
Reinhard Körner, Dunkle Nacht: Mystische Glaubenserfahrung nach Johannes vom Kreuz, Münsterschwarzach 2006
Regina Bäumer, Michael Plattig: »Dunkle Nacht« und Depression: geistliche und psychologische Krisen verstehen und unterscheiden, Ostfildern 2008
Olaf Koob, Die dunkle Nacht der Seele. Wege aus der Depression, Stuttgart 2007
Anselm Grün, Wege durch die Depression, Freiburg im Breisgau 2008

Konkrete Wege zur mystischen Erfahrung

habe. Manchmal will sie mich auf die dunklen Seiten des Lebens hinweisen, die ich bisher ausgeklammert habe. Aber bei allen Erklärungsversuchen bleibt sie oft als schwere Last. Ein Weg, auf dem sie sich wandeln kann, mag jedoch folgende Überlegung sein: »Ich weiß nicht genau, woher meine Depression kommt. Alle Versuche, sie zu heilen, sind bisher fehlgeschlagen. Ich kann entweder verzweifeln oder sie so verstehen, dass sie mir alle Vorstellungen vom Leben, von mir selbst und von Gott aus den Händen schlägt. Dann befreit sie mich von allen Illusionen, die ich mir gemacht habe. Und gerade in dieser Dunkelheit und Leere werde ich offen für den unbegreiflichen Gott. Ich erlebe Gott nicht, aber ich vertraue darauf, dass er auf dem Grund meiner Dunkelheit und meiner Depression da ist, dass er in der Tiefe meiner Seele lebt. Die Dunkelheit meiner Seele ist der Weg, immer tiefer in meinen Grund vorzudringen und dort, wo ich nichts mehr spüre, mich in das Geheimnis Gottes hineinzuergeben, ohne dass ich Gott zu sehen oder zu erfahren vermag. Indem mir die Depression alles nimmt, verweist sie mich auf Gott, den ich nicht besitzen kann, der mich aber auf dem Grund meiner Seele erwartet.«

Pilgern

Nicht erst nach dem Buch von Hape Kerkeling *Ich bin dann mal weg* ist ein wahrer Boom des Pilgerns auf dem Jakobsweg ausgebrochen. Offensichtlich machen viele, die tagelang unterwegs sind, eine Erfahrung, die man nur als mystisch bezeichnen kann. Wenn ich Tag für Tag einfach nur gehe, mich ganz auf das Geheimnis des Pilgerns einlasse, dann werde ich frei von allem, was mich daheim in meiner gewohnten Welt beschäftigt. Dieses Freiwerden erfahren viele als Wohltat. Es öffnet sie für die Erfahrung der Gegenwart. Sie können sich

auf die Landschaft einlassen und sie mit allen Sinnen genießen. Doch dann kommt ein anderes Freiwerden. Es ist ein
Freiwerden im Kopf. Man hat auch keine schönen Gedanken
mehr. Der Kopf ist leer. Und in diesem Augenblick erleben die
Wanderer die Versuchung, die Leere zu überspielen, indem sie
sich anderen Pilgern anschließen, sich irgendwelche Ziele setzen oder zu Hause anrufen. Doch wer diese Leere aushält, der

Der wohl populärste **Pilgerweg** *ist im Augenblick der Jakobsweg.
Hierzu gibt es inzwischen eine fast unüberschaubare Fülle von Büchern, deren Inhalt von reiner Wegbeschreibung bis hin zur spirituellen Erfahrung reicht. Stellvertretend seien hier einige Bücher
genannt, bei denen vor allem das Mystische des Weges, die Selbst-
und die Gotteserfahrung im Vordergrund stehen und in denen es
nicht nur um die Wallfahrt nach Santiago, sondern allgemein um
das Pilgern geht:
Anselm Grün, Die Weisheit des Pilgerns, Gütersloh 2008
Andrea Schwarz, Die Sehnsucht ist größer. Vom Weg nach Santiago
de Compostela. Ein geistliches Pilgertagebuch, Freiburg im Breisgau 2008
Ulrich Hagenmeyer, Das Ziel ist der Weg. Auf dem Jakobsweg
nach Santiago de Compostela, Stuttgart 2007
Gabriele Bunz-Schlösser: Auf dem Jakobsweg der Seele. Schritt
für Schritt zu einem erfüllteren Leben, Freiburg im Breisgau 2009
Peter Müller, Die Seele laufen lassen. Pilgertage und spirituelle
Wanderungen, München 2008
Um allgemeinere Informationen zum Thema zu bekommen, können diese Seiten helfen:
www.pilger-wege.de
www.jakobus-info.de
www.pilgern.at
www.pilgern.ch*

Konkrete Wege zur mystischen Erfahrung

gerät auf eine andere Ebene. Er denkt nicht mehr über Gott nach, aber er begegnet Gott in dieser Leere.

Jeder erfährt auf seinem Pilgerweg etwas anderes. Der eine erspürt seine eigene Grenze und Ohnmacht, wenn die Füße ihn nicht mehr weitertragen möchten. Der andere bekommt neue Einsichten. Wieder ein anderer spürt, dass er sein Leben ändern muss. Für viele ist die Erfahrung des Ankommens wichtig. Das Pilgern hat immer ein Ziel. Dort angekommen, setzt sich die Pilgerin in die Kirche und ruht einfach aus. Sie denkt nicht nach. Sie lässt sich vom bergenden Raum der Kirche einhüllen. Sie spürt auf einmal, was es heißt, angekommen zu sein, bei sich selbst, bei Gott. Und so ist sie offen, sich in Gottes bergende Hände fallen zu lassen. Sie weiß sich getragen und ist ganz im Augenblick, ganz präsent. Wallfahrtsorte sind immer Orte, an denen viel gebetet wurde und wird. Manche erleben sie als Kraftorte, andere spüren, dass das Gebet, das diese Kirche seit Jahren erfüllt, auch ihr Leben durchdringt und verwandelt. Pilgern ist für Männer und Frauen in gleicher Weise ein Ort der Gotteserfahrung, aber gerade für Männer, die sich schwertun mit der stillen Meditation und die Vorurteile gegenüber der Mystik als etwas Weltjenseitigem haben, ist das Pilgern ein guter Weg, auf dem sie an eigene mystische Erfahrungen herankommen können. Sie werden das vielleicht nicht als Mystik bezeichnen, aber sie kommen doch dem nahe, was auch die Mystiker über ihre Gotteserfahrung geschrieben haben.

Zum guten Schluss

Die vielen Hinweise auf mystische Erfahrungen anderer Menschen und die Hinwege zu eigener mystischer Erfahrung können das Erlebnis selbst nicht herbeiführen. Sie wollen uns nur einladen, unsere eigenen Erfahrungen zu überdenken. Ich bin überzeugt, dass Sie, liebe Leserin, lieber Leser, schon einmal eine mystische Erfahrung gemacht haben. Vielleicht würden Sie diese Erfahrung nicht so benennen. Das ist auch nicht so wichtig, doch trauen Sie Ihrer Erfahrung. Sie macht Sie dankbar und demütig. Wir können über diese Erfahrung nur sehr vorsichtig und behutsam sprechen. Sobald wir mit ihr angeben, wird sie sich uns wieder entziehen. Nur wenn wir dankbar sind für die Berührungen der Gnade, für den Gott, der sich uns zeigt, der mit uns eins wird, dürfen wir immer wieder erleben: Gott ist da. Er kann sich mir so zeigen, dass ich auf einmal eins bin mit allem, was ist. Gott begegnet mir als die Liebe, die mich ganz und gar erfüllt und mich befreit von meinem Ego. Seine Liebe berührt mich so stark, dass ich mich selbst vergessen kann. In dieser Selbstvergessenheit erahne ich die heilende und befreiende Kraft mystischer Erfahrung. So wünsche ich Ihnen, dass Sie immer wieder einmal so von Gott berührt werden, dass Sie frei werden vom eigenen Ego und sich eins fühlen mit sich, mit allen Menschen, mit allem, was ist, und mit Gott, dem Grund Ihres Lebens, und dem liebenden Du, das all Ihre Sehnsucht nach Liebe erfüllt.

Roberto Assagioli, Psychosynthese und transpersonale Entwicklung, Nawo Verlag GmbH, Rümlang 2008.

John Eudes Bamberger (Hg.), Evagrius Ponticus, Praktikos.
Über das Gebet, © Vier-Türme-GmbH, Verlag Münsterschwarzach 1986.

Jakob Böhme, Die Morgenröte bricht an, Zeugnisse der
Naturfrömmigkeit und der Christuserkenntnis, ausgewählt
und eingeleitet v. Gerhard Wehr, Freiburg 1983, © Gerhard
Wehr.

James Bugental, Stufen therapeutischer Entwicklung, in:
R. N. Walsh u. F. Vaughan (Hg.), Psychologie in der Wende,
München 1985, 212–220.

Die Benediktus-Regel, Beuron 1996.

Peter Gerlitz, Mystik I, in TRE 534–547.

Gemma Hinricher, Karmel, in LexSpir 695–699.

Gemma Hinricher, Teresa von Ávila, in LexSpir 1264–1267.

Ulrich Köpf, Christliche Mystik, in: RGG 1659–1663.

Andrew Louth, Mystik II, in Theologische Realenzyklopädie,
TRE, 547–580.

Abraham Maslow, Eine Theorie der Metamotivation, in: Psychologie in der Wende, hrsg. v. R. N. Walsh u. F. Vaughan, München 1985.

Bernard McGinn, Die Mystik im Abendland, Band 1 bis 4, Freiburg im Breisgau 1994 bis 2008.

Karl Rahner, Über die Erfahrung der Gnade, in: Schriften zur Theologie III, Einsiedeln 1956, 105–109.

Friedrich Rotter, Nähe Gottes und »Gottfremde«. Mystische Erfahrungen der hl. Mechthild von Magdeburg, Aschaffenburg 1980.

Margot Schmidt, Gertrud die Große von Helfta, LThK 538.

Reinhold Schneider, Winter in Wien, Freiburg im Breisgau 1958.

Marsha Sinetar, Die Sehnsucht, ganz zu sein, Freiburg im Breisgau 1991.

Dorothee Sölle, Mystik und Widerstand, Hamburg 1997.

Pierre Stutz, Geborgen und frei: Mystik als Lebensstil, München 2008.

Hermann Vekeman, Erotik und eheliche Liebe bei Hadewich, in: Otger Steggink, Mystik. Band 1. Ihre Struktur und Dynamik, Düsseldorf 1983.

Ken Wilber, Eros, Kosmos, Logos, Frankfurt a. M. 1996.

Mystische Spiritualität

Willigis Jäger
Wiederkehr der Mystik
Das Ewige im Jetzt erfahren
Band 5399
Wie kann der Mensch angesichts heutiger Naturwissenschaft noch religiös
sein? Der Benediktinermönch und Zenmeister antwortet auf drängende
Fragen heutiger Sinnsuchender.

Lorenz Marti
Wie schnürt ein Mystiker seine Schuhe?
Die großen Fragen und der tägliche Kleinkram
Band 5687
Spiritualität – die Liebeserklärung an das ganz Gewöhnliche. Marti gibt
keine Rezepte, empfiehlt keine Übungen. Er nimmt seine Leser mit.
Mitten ins Herz des Alltags.

Dorothee Sölle
Mut
Kämpfe und liebe das Leben
Hg. von Bettina Hertel
Band 5949
Leben braucht Mut und Leidenschaft. Für Dorothee Sölle heißt das: lieben
und arbeiten, kämpfen und beten, viel tun und viel erwarten - spirituelle
Impulse für den Alltag.

Jörg Zink
Dornen können Rosen tragen
Mystik – die Zukunft des Christentums
Band 5995
Mystik lässt die Menschen erfahren, was für das eigene Leben und die Welt
heilsam ist. Das inspirierende Werk des großen christlichen Autors, mit
vielen Texten der christlich-mystischen Tradition.

Gisela Zuniga
Alles ist da – Mystik im Alltag
Band 5969
Eine erfahrene Meditationslehrerin, Meisterschülerin von Willigis Jäger,
macht sich mit dem Leser auf die Spur seiner tiefsten Sehnsucht.

HERDER spektrum

Teresa von Avila
Das Buch meines Lebens
Vollständige Neuübertragung. Gesammelte Werke Band 1
Hg. von Ulrich Dobhan und Elisabeth Peeters
Band 5211
In ihrer Autobiografie gibt Teresa von Avila Einblick in ihren inneren Werdegang.

Teresa von Avila
Weg der Vollkommenheit
Vollständige Neuübertragung. Gesammelte Werke Band 2
Hg. von Ulrich Dobhan und Elisabeth Peeters
Band 5318
Die praktische Einleitung in die Spiritualität des „inneren Betens". Voll Weisheit, humorvoller Nüchternheit, psychologischem Gespür.

Teresa von Avila
Gedanken zum Hohenlied, Gedichte und kleinere Schriften
Vollständige Neuübertragung. Gesammelte Werke Band 3
Hg. von Ulrich Dobhan und Elisabeth Peeters
Band 5477
Die vielschichtige Persönlichkeit der Mystikerin kommt in diesen Texten von poetischer Kraft und spiritueller Dichte faszinierend zum Ausdruck.

Johannes vom Kreuz
Die dunkle Nacht
Vollständige Neuübersetzung. Gesammelte Werke Band 1
Hg. von Ulrich Dobhan
Band 4374
Im Aufgeben des eigenen Selbst wird man offen für die andere Realität.

Johannes vom Kreuz
Die lebendige Liebesflamme
Vollständige Neuübersetzung. Gesammelte Werke Band 5
Hg. von Elisabeth Hense
Band 5049
In seinem letzten und reifsten Werk besingt Johannes vom Kreuz die höchste Gleichgestaltung mit Gott, die einem Menschen zuteil werden kann.

HERDER spektrum